「萌える！中国妖怪事典」INDEX

妖怪

窫窳（あつゆ）	18
海人（かいじん）	20
火鼠（かそねずみ）	22
花魄＆花妖（かはく＆かよう）	24
九尾狐（きゅうびこ）	26
玉兎（ぎょくと）	30
金華猫（きんかびょう）	34
金蚕（きんさん）	36
鮫人（こうじん）	38
嗥天犬（こうてんけん）	40
姑獲鳥（こかくちょう）	42
三尸（さんし）	46
猩々（しょうじょう）	50
消麺虫（しょうめんちゅう）	52
蜃（しん）	54
視肉＆太歳（しにく＆たいさい）	58
白蛇精（はくじゃせい）	62
貘（ばく）	66
比翼鳥（ひよくちょう）	68
鵬（ほう）	70

霊獣

青龍（せいりゅう）	76
玄武（げんぶ）	78
鳳凰（ほうおう）	80
霊亀（れいき）	82
麒麟（きりん）	84
獬豸（かいち）	86
四不像（しふぞう）	88
白澤（はくたく）	90
貔貅（ひきゅう）	92

神怪

渾沌(こんとん) 96
饕餮(とうてつ) 98
窮奇(きゅうき) 100
共工(きょうこう) 102
蝉神(こうしん) 104
蚩尤(しゆう) 106
女媧(じょか) 110
燭陰(しょくいん) 112
西王母(せいおうぼ) 114
五通神(ごつうしん) 116
雷公&電母(らいこう&でんぼ) 118

人怪

僵尸(きょうし) 122
極小女児(ごくしょうじょじ) 126
魑魅・魍魎(ちみ・もうりょう) 128
飛頭蛮(ひとうばん) 132
孫悟空(そんごくう) 134
金角&銀角(きんかく&ぎんかく) 138
牛魔王(ぎゅうまおう) 140
雷震子(らいしんし) 142

不埒な妖怪をたたきのめせ！

ええっ、あの妖怪をやっつけろって？　やなこった！
なーんで、人間なんかのためにケンカしてやんなきゃいけないんだよ。
(お腹がぐ〜)な、なんだよ、オナラじゃねーぞ！

そうですか、それは残念です。このあきらかに私を食べたくて仕方が無さそうな
妖怪たちを退治してくれたら、素敵なヘッドバンドと、この**きびだんご**を差し上げ
ようと思ったのですが……。

そーいうことは早く言えよ！
食べ物くれるなら話は別さ！　いますぐ蹴散らしてやるぜっ！

三蔵法師
&玉龍

いけっ、やれっ、そこです！
頑張ればきびだんごの数が
増えますよっ！

ああ、三蔵様、
あまり暴れないでください。
服がはだけてしまわれますよ。

　仏教のお坊さんで、天竺(インド)で**本場のインドカレー**を食べるために旅をしている。だがとてつもない方向音痴のうえ、妖怪たちのあいだに「三蔵の肝を食べれば不老不死になる」という風説を流布され、なかなかたどり着けずにいた。そんな彼女が乗っているのは**西海竜王のドラ息子**で、悪事の罰として馬に変えられた「玉龍」である。

> 伸びろっ、如意棒!
> へっ、団子のためなら
> このくらいの妖怪、
> 目じゃないぜ!
> 100体でも1000体でも
> かかってこーい!

孫悟空(そんごくう)

　猿の姿の妖怪。昔やらかしたイタズラの罰で岩の中に閉じ込められていたが、餌付けされて一瞬で**三蔵の忠犬**と化した。自由きままな蛮族ライフを送っていたころの価値観が抜けておらず、そのたびに頭にはめられた金の輪を締め上げられて折檻されることになる。

Coming Soon!

> ぶひー、わたくし、
> 天界の水軍大元帥(元)、
> 猪八戒と申します。
> よろしくお願いいたしますよぉ?

猪八戒(ちょはっかい)

　天界の水軍大元帥……だが、溺れていたところを悟空に助けられて仲間になる(予定)。世話焼きで常識人に見えるが、その実体は**真性のドM**で、常に三蔵に折檻してもらうチャンスを狙っているマゾ豚である。

あの、助けてくれてありがとう。
えっ、沙悟浄？
僕は"沙悟浄"さん
じゃないんですけど……。

沙悟浄？

『西遊記』の原典では、神々の世界を統治する天帝のボディガード「捲簾大将」の役職についていた豪傑……**のはずなのだが**、何やら様子がおかしい模様？

観音菩薩

すべての苦しみから人を救ってくださる**慈悲深い仏様**。三蔵の「カレーが食べたい」という苦しみに救いの手をさしのべた。

釈迦如来

深い苦しみと悩みの末に「悟り」の心にたどり着いた**仏教の開祖**。ほかの人たちにも悟りの心を知ってもらうため、天竺を訪れた者のためにいろんなことを教えてくれる。

よっしゃ、ひさしぶりのメシだー！
おおっ、このダンゴうめえじゃん。三蔵さん、もう一個くれよ！

ええ、いいですよ、あげましょう。
ねえ悟空、私たちはいまから天竺にカレーを食べに行くのです。道中私たちを守り、言うことを聞くなら、おごってあげてもいいですよ。

えっマジ!?　よっしゃ、行く行く、もちろん行くって！
うひゃーカレー超楽しみだぜ～、待ちきれねえ！
いますぐ出発しようぜ～三蔵様～！

はじめに

　アジア最古の文化先進国として、古くから世界中にその影響力をおよぼしていた中国には、歴史ある多彩な妖怪文化が残っています
　この本を手にとってくださった貴方は、中国にはびこる妖怪たちのどこに魅かれたのでしょうか？

　気になる妖怪がいるからでしょうか？
　中国の文化に興味があるからでしょうか？
　日本の妖怪文化のルーツを知りたいからでしょうか？

　数千年の歴史を持つ中国の妖怪文化は、このすべてに答えてくれること請け合いです。本書では、日本でも「妖怪」と呼ぶような怪しい生物のほかに、神聖な動物「霊獣」、異形の姿を持つ「神怪」、人間に近い姿を持つ「人怪」の４種類に分けて、中国の豊富な妖怪たちを紹介しています。
　妖怪のイラストは、文献に残された特徴を参考に、担当イラストレーターの独創性を加えてデザインされたものです。あなたも知っている妖怪の新しい魅力を発見してもらえたら幸いです。

　それでは、数千年の歴史を持つ、中国妖怪の世界にようこそ！

凡例と注意点

凡例
　本文内で特殊なカッコが使われている場合、以下のような意味を持ちます。
・「　」……原典となっている資料の名前
・《　》……原典を解説している資料の名前

妖怪の漢字名表記と読みについて
　本書で紹介する妖怪の漢字名と読みは、すべて日本において慣習的に利用されているものを掲載しています。
　本来は中国での表記と読みを紹介したいところですが、現在の中国本土では「簡体字」という簡略化された漢字を使っており、日本人には読めないこと。中国の言葉は地域によって発音の違いが大きいため「正しい読み」を示すことが不可能であることから、日本での表記と読みを採用しました。

中国では"妖怪"を何と呼ぶか？

なあ三蔵様〜。三蔵様のキモってそんなにうまいのかー？
バケモノどもがウワサしてるぜ〜。食べたらすっげえナントカだからとか……。
だからほら、さっきからバケモノどもがウジャウジャ……。

まあ、悟空、そんな下品な言葉を使うものではないですよ。
だいたい人間ではないとはいえ、彼らにだって立派な呼び方が……。
あら？　そういえば彼らのこと、なんと呼べばいいのでしょう？

妖怪をあらわす"妖""精""怪""魅"の字

中国で「妖怪」という単語がはじめて登場したのは、1世紀の歴史書『漢書』の『循史伝（じゅんしでん）』という章でのことです。しかし中国では「妖怪」という表現はメジャーではなく、「精怪」「妖精」などの呼び方が好んで使われます。これらの名前によく使われる"妖""精""怪""魅"の4文字は、実は同じような意味を持つ漢字なのです。

中国における怪しい生物の呼び方

精怪、妖精、妖怪
妖魅、邪魅、物怪

これらはほとんど同じ意味！

妖 ＝ 精 ＝ 怪 ＝ 魅

少女がほほえむ様子を文字にしたもので、転じて「怪しい」「邪悪な」ものという意味があります。

「選び抜かれたもの」という意味の漢字。転じて神や「物の怪」をあらわす字として使われます。

「不思議なもの」や「化け物」を意味する漢字。りっしんべん（心）に"カイ"の音をあらわす「つくり」を足した字です。

霊体に毛が生えた様子を文字にしたもので、人間の心を惑わす精霊という意味がある字です。

よいですか、三蔵。このように"あやかし"に決まった呼び方はありません。
ですがそれでは不便でしょうから、ここからは「妖怪」という言葉を使うように命じましょう。

"怪力乱神"は妖怪にあらず

中国で妖怪などの話をするとき、よく「怪力乱神」という言葉が持ち出されます。

この言葉は、紀元前6〜5世紀ごろの中国で活躍した思想家「孔子」の発言「怪力乱神を語らず」から取られたものです。

怪力乱神は4つの言葉を組み合わせた孔子の造語で、怪力乱神を語らずとは「あやふやなもの、論理的でないものについて時間をかけて語っても仕方がないから、もっと別の話をしよう」という意図の発言だとされることが多いようです。妖怪とは「怪」の一部であり、怪力乱神はもっと広い概念です。

怪 奇怪で不思議ではかり知れない話。

力 武勇伝や暴力などの力自慢の話。

乱 道徳を乱すような不健全な話のこと。

神 神、霊魂、鬼神についての話のこと。

うーん、だいたいわかった気がします。つまり、妖怪はだいたい怪力乱神の「怪」に入っていますけど、「怪力乱神」そのものは妖怪ではないのですね。間違えないようにしないと。

既刊「萌える！妖怪事典」との違いについて

この「萌える！事典シリーズ」には、日本の妖怪を紹介する「萌える！妖怪事典」「萌える！妖怪事典 伝承編」という先輩の本が2冊出ているそうですね。

この本によると、日本では妖怪とは何なのかがキチンと決まっていて、「神様」だとか「幽霊」だとかは妖怪に含まないのだそうです。

中国だと「妖怪」というのは、はっきり決められてるものではありませんから、妖怪っぽいものは全部紹介するべきだと思います。だから妖怪っぽい神様や、妖怪っぽい幽霊も、みんなまとめて紹介しましょう♪

4種類の"中国妖怪"を紹介!

菩薩様からよい本をいただいてしまいました♪
これからわたくしたちが会うかも知れない妖怪を、4つに分類して書いてある本なのだそうです。これで知らない妖怪と会っても安心ですね?

①妖怪

中国に数多い妖怪のなかで、おもに中国の民間で語られていた者、神や霊獣としての格を持たない者を、この「妖怪」の章で紹介します。

「妖怪らしい妖怪がそろってるわ♡」

p15から!

②霊獣

この章で紹介する「霊獣」とは、特別な能力を持ち、人前にあらわれることそのものが「おめでたい」とされている、動物型の妖怪です。

「わたしに会えたらラッキーだよ?」

p73から!

③神怪

善悪問わず神としてあがめられている存在です。
姿が人間と同じ神は紹介せず、なんらかの異形の外見を持っている神だけを選んで紹介します。

「もっと崇めてもいいのよ!」

p95から!

④人怪

あらゆる妖怪のなかで、人間に非常に近い外見で描かれる妖怪だけを集めた章です。創作作品で活躍した架空の登場人物もリストアップされています。

「わたしたちキョンシーもここアル!」

p121から!

へえ、妖怪って種類とかあったのかよー、知らなかったな〜。まあ、三蔵様は安心してろよ、どんな妖怪が来たって、オレが蹴散らしてやるって!

この本の読み方

うわ、名前だけじゃないのかよ！
なんかもういろいろ書いてあるな……。
三蔵様〜！ これ、どう読めばいいんだよ〜！

データ欄の見かた

中国妖怪のデータ欄には、以下のような情報が書かれています。

妖怪の名前

妖怪データ　**出身地／棲息地**：妖怪の生まれた場所、または出現する場所が決まっている場合、それを表示します。
出典：妖怪が掲載されている資料の名前とデータです。
別名：妖怪が複数の呼び名を持つ場合、それを表示します。

難しいことはなにもありませんよ。
どこにいて、どう呼ばれていて、どこで紹介されたか。
たったそれだけです。

なーんだ、それならそうとハナっから言ってくれよ〜。
たったそれだけなら簡単じゃねーか。

まあ、わからなくても困らないことばっかりだからな。
妖怪のことをもっとくわしく知りたくなったら、あらためて読んでみればいいんじゃ
……って、興味なさそうだな、こりゃ。

15ページから、妖怪を撃退しながら天竺を目指そう！

萌える！ 中国妖怪事典 目次

案内役のご紹介！……6
はじめに……9
中国では"妖怪"を何と呼ぶか？……10
この本の読み方……13

妖怪……15
霊獣……73
神怪……95
人怪……121

入学歓迎！
天竺妖怪専門学校……145
"鬼"の小事典……170
中国妖怪小事典……174

Column
中国の思想事典　①儒教と徳……29
　　　　　　　　②方位の名前……45
　　　　　　　　③五行思想……49
　　　　　　　　④陰陽思想……61
　　　　　　　　⑤道教と仙人……65
　　　　　　　　⑥山岳信仰……72
　　　　　　　　⑦方術……131

中国の霊獣「四神」……94
中国の霊獣「四霊」……109
中国の歴史書「正史」とは？……120
淮南子「海外三十六国」の奇妙な外国人……144

中国では「妖怪」という言葉に幅広い意味があり、神に近い者、人間の霊体なども全部まとめて妖怪と呼びます。この章ではそのなかでも特に「妖怪」らしいものを選ぶため、神や人間由来の妖怪を極力排除した19組の妖怪を紹介します。

妖怪(ようかい)

Illustrated by 白雪バンビ

九尾狐(きゅうびこ)

おじいさんは山に柴刈りに。
おばあさんが川に洗濯に行くと、川の向こうから、大きな桃がー、どんぶらこー、どんぶらこーと流れてきました。

三蔵様〜、そのお話何回目だよー、もう飽きたってー。聞いてると桃が食いたくなるから……ん? ほんとに桃が流れてきた!?

がぼっ! もがっ!
たすけて、たすけてほしいぶひ!

妖怪の世界へようこそ！
水軍元帥"猪八戒"登場！

いやーひどいめにあいましたブヒ。
申し遅れましたが、わたくし天界の水軍元帥……
「もと」がつきますがね、猪八戒と申します。
恩人のお名前をお聞きしてもよろしいですかな？

おう、孫悟空だ。
しっかしなんだかなー。しょうがないやつだなー。
そもそも、泳げない「水軍元帥」ってどんなだよ〜。

ブッヒッヒ、いやあ面目なくて肌が赤くなってしまいますねえ。それはともかく、そちらのお方！ さぞかしドSな……もとい、徳のある僧とお見受けしましたぞ。ぜひ私を、悟空殿の義理の弟として一行にお加えください！

え、嫌です。 だってなんだか鼻息荒いのですもの。
悟空が好きにすればよいですよ。

ずるっ！ オレだって嫌だよ！
なんでこんなブタヤロウの兄貴にならなきゃいけないのさ！

まあまあそう言わずに、天竺行くなら案内役がいるでしょー！
このあたりには不埒な妖怪がたくさんいるんですよ！
命がけでおぼれて美女とボディタッチを狙う豚妖怪とか……。

天誅ー‼ （八戒を蹴りながら）

ブヒッ‼ ブヒィ‼
やはり逸材！
わたくしが見込んだ逸材ブヒ！
あうっ‼ 次はちょっと
右側でお願いするブヒィ！

妖怪、霊獣、神怪、人怪

……ま、いいでしょう。
それで八戒、このあたりにはどのような妖怪が出るのですか？
旅の参考に聞かせてください。

　この「妖怪」の章に収録しているのは、中国の各種伝承や文献に登場する不思議な生物のなかでも、「霊獣」「神怪」「人怪」に分類されない雑多な妖怪です。ですがこの章に紹介されている妖怪たちこそ、もっとも「妖怪らしい妖怪」だといえます。

この章に収録する「妖怪」とは？

"霊獣"ではない
"神怪"ではない
"人怪"ではない

全部まとめて…… 〝妖怪〟に収録！

妖怪が作られる2つの経緯

ブヒィ、どうにもこのへんの妖怪には、「お前らその体でどうやって生きてるんだ」ってツッコミたくなる連中が多いんで。
どうしてあんな妖怪がいるんですかねえ。

　妖怪とは、人間によって作られた概念です。中国の妖怪それぞれについて、その妖怪が作られた経緯をさぐってみると、その過程はおおまかに分けて以下にあげる2種類のパターンのどちらかにあてはまります。

自然発生的妖怪

　人々は日々の暮らしのなかで、理解できないもの、正体不明のものに出会っています。これらの正体が「妖怪の仕業だ」と考えた結果から生まれたのが「自然発生的妖怪」です。

思想的妖怪

　中国には古代から、儒教や道教などの思想が育っていました。これらの思想家たちは、自分たちの理論を表現するために、儒教的、道教的な生態を持つ架空の動物を作り出しました。

たしかに不思議ですね……。
まあ、なぜかと気にしてもしょうがありません。妖怪の襲撃に気をつけて、さっそく天竺へ出発するのです！

英雄に倒された堕天の怪物
窫窳（あつゆ）

棲息地：崑崙山（中国西方）　出典：「山海経」（前4世紀〜3世紀）　編：禹、伯益）、中国神話

天神は変貌し英雄は矢を放つ

　窫窳は、龍や虎、牛や人など、さまざまな動物の身体のパーツを継ぎはぎしたような、奇妙な姿の妖怪である。その内訳は資料ごとに違うが、頭部が人間で、胴体が四本足の動物であることは共通している。窫窳は川の周辺に棲み着いて、周囲に住む人々を食い殺してしまうといわれている。

　現在では邪悪な妖怪として知られているが、もともと窫窳は天界に住む神々の1柱であり、その体は「蛇の体に人間の頭」という姿だった。だが、世界の統治権が神の手を離れて黄帝（こうてい）という人間に譲られたころ、窫窳はこのどさくさに乗じて行われた、ある神々の計略で殺害されてしまった。

　黄帝は、何の咎（とが）もなく命を奪われた窫窳に同情し、仙人の住まう崑崙山（こんろんさん）へと死体を運んだのち、不死の薬を飲ませて復活させた。だがよみがえった窫窳は、神への恨みゆえか性格が変貌。弱水という川の淵（ふち）にみずから身を投げて水棲の人喰い怪物と化し、外見も冒頭で説明したような姿に変化してしまったのである。

　そして窫窳は、棲み着いた川の周辺に住む人々を次々に食い殺すなどして暴れ回っていたのだが、天界から地上に送り込まれた「羿（げい）」という英雄に弓矢で撃たれ、退治されてしまった。

羿に退治された怪物たち

　羿は中国神話上の英雄であり、弓の名手でもある。彼はその弓の腕前でさまざまな事件や問題を解決しているのだが、羿の行動を疎ましく思った天界によって神籍から外され、妻には裏切られ、最後は弟子に殺されたという、悲劇的な英雄である。

　窫窳は羿が天から遣わされたのち、最初に退治した怪物だ。この後羿は各地を周り、人々を苦しめていた以下の5匹、窫窳も含めると6匹の怪物を退治している。

鑿歯（さくし）：寿華（じゅか）という地に棲む。獣頭人身、鋭い牙で人を殺す。
九嬰（きゅうえい）：北方の凶水（きょうすい）という川に棲む。頭が9つある水火の怪で、水と火を噴き出せる。
大風（たいふう）：巨大な鳥。羽ばたきで強風を起こす。
修蛇（しゅうだ）：洞庭湖（どうていこ）の大蛇。巨体で湖に波を起こし、船を破壊しては人を呑み込む。
封豨（ほうき）：桑林（そうりん）という地に棲む、凶暴かつ巨大な猪（いのしし）。

なんの罪もない窫窳さんを殺してしまうなんて、ひどい神もいたものです。ちなみにこの神たちは、罰として何千年も閉じ込められることになりました。当然の報いですね、悟空も気をつけるのですよ？

illustrated by チーコ

海の中からいきなり登場！
海人（かいじん）

棲息地：南海（中国南部）　出典：『堅瓠集』（1635年～1682年　著：褚人穫）『琅邪代酔編』（1543～1603年　著：張鼎思）、『子不語』（1716年～1797年　著：袁枚）　別名：海和尚

3種類の海人物語

　民間伝承の世界では、地上だけでなく海のなかにも人間が住んでいる。「海人（かいじん）」とは、そんな海に住む人々の総称である。

　海人の外見や特徴は、伝承によってまったく異なる。『堅瓠集（けんこしゅう）』という物語集によると、南海にあらわれる海人は僧侶のような姿をしていて、きわめて小さい。この海人は、海中から突然あらわれると船に乗り込んできて座り込む。そして船に乗っている人々に、静かにしているよう戒（いまし）めるのだ。もし海人の忠告を無視すると、強風が吹いて船がひっくり返ってしまうという。

　『琅邪代酔編（ろうやたいすいへん）』の記述にあらわれる海人は、手の指がくっついていてフクロウの爪のように見えることを除けば、髭も眉毛もあるなど普通の人間そっくりの外見である。ある者が西方で捕らえたこの海人を国王に献上したが、何も話さず笑いもしない。国王が、飼い慣らすのは無理だと思って海に放してやると、この海人は手を合わせて頭を下げ、感謝の意を示したあと、手を叩いて大声で笑いながら、なんと**波の上を歩いて**立ち去ったという。

　18世紀の物語集『子不語（しふご）』では、海人ではなく「海和尚（うみおしょう）」と呼ばれる小さな海人6～7人が、漁師の網にかかって浜に引き上げられるところから話が始まる。この怪人たちは全身に猿のような長い毛が生えているが、頭ははげていて毛がなく、かなり小柄な体格である。話しかけても言葉が通じないので、漁師たちが網を開けて放してやると、海面を数十歩ほど歩いてから水中に沈んだという。ちなみにこの海和尚は、塩漬けにしてから食べると、1年のあいだ飢えを感じずにすむ優れた食料になると信じられていたそうだ。

人魚が変じた海人伝説

　海人の伝承は比較的最近、中国最後の王朝である清王朝の時代に多い。これは、海人伝説の多くは、人魚伝説の内容が変化したものだからだ。ちなみに人魚というと、魚の下半身に美しい女性の上半身という姿をイメージする人が多いと思うが、中国の人魚は、魚の体の頭だけが人間になっているもの、足が4本あって赤ん坊のように泣く魚などで、西洋の人魚とはかなり違うものである。

ふうむ、三蔵様、海人様たちの正体がわかりましたぞ？　わが国の民なら誰でも知っている南の大河、揚子江に住む「ジュゴン」です。見た目が人間に似ているから勘違いされたようですねぇ。

燃やしたって燃えないぞ！
火鼠（かそ）

棲息地：中国南部　出典：『本草綱目』（1578年　著：李時珍）、『捜神記』（317年～420年　著：干宝）など　別名：ヒネズミ

炎の中で生きるネズミ

　火鼠とはその名前のとおり、火の中で生きるネズミである。
　中国の薬学書『本草綱目』によれば、このネズミは南の荒野を越えた果てにある、広大な火山地帯に棲んでいるのだという。この火山帯の炎は、風が吹こうが雨が降ろうが、まったく勢いが衰えず、決して消えることがない。またこの火山帯には「不尽木（ふじんぼく）」という、炎の中にあっても決して燃えない樹木が生えており、火鼠はその木の中に棲み付いているそうだ。
　このネズミは、ただ炎の中で生きられるだけでなく、普通のネズミよりも非常に大きな身体を持っていたらしく、本草綱目によれば体重100斤（きん）（15世紀中国の重さ換算で約60kg）と、ほとんど人間と変わらない重さである。また、毛の長さは2尺（同時期の中国の長さ換算で約40cm）であったという。
　火鼠の生態は、人間にとって非常に便利な物品を生み出した。それは「火浣布（かかんぷ）」という、火にさらしても決して燃えることがない不思議な布である。しかもこの布は、どれだけ汚しても、火の中に放り込むと汚れが落ちて真っ白になるという不思議な性質を兼ね備えていた。「浣」とは"洗う"という意味の漢字で、すなわち火浣布とは"火で洗う布"という意味なのである。ちなみに火浣布の作り方には諸説あり、火鼠の長い体毛、または不尽木の繊維、あるいは火鼠の住む火山に生えている草木の繊維を編んで作ったものだと言い伝えられている。

火浣布の正体とは

　実は、火浣布と同じ特性を持つ繊維は実在している。鉱物が細長く伸びて繊維状になった「石綿（いしわた）（アスベスト）」と呼ばれる物質である。この繊維は要するに「糸よりも細い石」であり、可燃物が含まれていないため燃えることがない。一般的に汚れの多くは可燃性なので、火にくべれば汚れだけが焼け落ちるというわけだ。中国には今から3000年以上も前に、シルクロードを通って輸入されてきた石綿が「火浣布」として輸入され、珍重されていた記録が残っている。
　火浣布は日本にも縁が深い。『竹取物語』のかぐや姫が求婚相手に出した無理難題のひとつ「火鼠の皮衣」は、この火浣布のことだと思われるのだ。

海の向こうの日本って国でも、石綿から「火浣布」を作った発明家がいるらしいぜ。たしか名前は平賀源内とか言ったかな。将軍に献上した火浣布が、いまでも京都の大学の図書館にしまってあるそうだ。

花の命ははかないの
花魄&花妖
かはく かよう

棲息地：安徽省婺源（中国東部）　出典：『子不語』（1716年〜1797年　著：袁枚）／『聊斎志異』（17世紀〜18世紀　著：蒲松齢）

花魄：自殺者の怨念が美女の姿に

「桜の木の下には屍体が埋まっている」という書きだしの有名な小説があるが、このように樹木と死者のあいだには古くから密接な関係がある。中国の妖怪「花魄」もそのひとつである。花魄は身長15cm程度しかない、全裸で無毛、玉のような肌の美女なのだが、いつも憂いと苦しみを感じさせる表情をしている。彼女の正体は、自殺者の魂が凝り固まったものなのである。

中国東部、現在の安徽省に伝わる怪談話によれば、ある学士が近くの林で花魄の娘を発見した。連れ帰っても怖がる様子がないので、籠の中で養ってご飯を食べさせると、なにやら語り始めるのだが、何を言っているのかまったく理解できない。すると数日後、太陽に照らされた花魄は干からびて死んでしまった。

後日、この少女が花魄というもので、「同じ木で人間が3回首つり自殺をしたとき、その恨みと苦しみが凝集して花魄になる」ことと、「乾いた花魄には水を注げばよみがえる」ことを教わり、さっそく水をかけると花魄はもとどおり動き始めた。

しかし花魄のことが話題になり、あまりにたくさん見物人が押し寄せるので、学士は花魄を樹の上に隠していた。ところが、まもなく巨大な鳥がやってきて、花魄をくわえて飛び去ってしまったという。

花妖：草花の精霊

花妖は花魄と名前は似ているが、花魄が人間の霊なのに対して、花妖は正真正銘の植物が変じた妖怪である。すばらしい草花は、その精が凝り固まって美女の形を取り、草花の本体から離れて活動するのである。

怪奇小説集『聊斎志異』には花妖の話が4編あるが、どの話も人間の男性と花妖の女性の恋物語となっている。なかでもその一編『香玉』にはおもしろい展開が見られる。ある男性の庭に咲く牡丹の花妖だった香玉という女性が、牡丹が持ち去られたせいで消えてしまった。香玉が花妖だったことを知らなかったせいで、彼女を失ってしまったことを男性が嘆いていると、それに感心した花の神が香玉を復活させるのだが、姿は見えるものの触れることができない。なぜなら香玉は、花の本体がなくなったことで「花の幽霊」になってしまったからだ、というオチである。

花魄という妖怪、一度でいいので見てみたいものですが……あら、そこの木で昔夫婦が自殺した？　それはお悔やみ申し上げます……悟空、ちょっとそこの木で首吊って、3人目になってみなさい。

九尾の狐は傾国の美女か？
九尾狐(きゅうびこ)

出身地：青丘国　出典：『山海経』(前4世紀〜3世紀　編：禹、伯益)、『周書』(636年　撰：令狐徳棻)、『太平広記』(977年〜978年　著：李昉)など　別名：九尾の狐

九尾の狐は滅びの証か

　妖狐はわが国日本においても代表的な妖怪のひとつとして知られているが、中国でも「狐精」や「狐狸精」の名前で知られ、あらゆる妖怪のなかでもっともメジャーな存在だと言っても過言ではない。中国最古の地理書『山海経(せんがいきょう)』にも、中国の東方に棲み、4つの足と9本の尻尾を持つ狐として「九尾狐」が紹介されており、すなわち中国の妖狐は2000年以上の歴史を持つ由緒正しい存在である。

　狐の妖怪は、年月を重ねるたびに尻尾の本数が増えていき、最終的に9本の尻尾をそなえた存在となる。この九尾狐のように「体の部品が通常のものよりも多い」という特徴は、その個体が優れた存在であることを示すために、世界中の神話伝承で利用されている、とても一般的な方法だ。

　白い体毛に9本の尻尾が生えている化け狐といえば、日本では平安時代に当時の宮廷を大いに乱したという絶世の美女「玉藻前(たまものまえ)」の正体としてよく知られている。玉藻前という名前を知らなくとも「中国で殷王朝の王"紂王(ちゅうおう)"をたぶらかし、殷王朝滅亡の原因を作った」「日本に渡り、引退した天皇をたぶらかして陰陽師に追い払われた」「関東で退治されて、毒を吐く"殺生石(せっしょうせき)"に変じた」という物語ならば耳にしたことがあるのではないだろうか。

　日本では、上で説明した紂王をたぶらかした九尾狐「妲己(だっき)」のイメージから、中国の九尾狐は、美女に化けて国を滅ぼす悪の存在というイメージが強い。だが、中国に伝わる本来の九尾狐は決して悪いだけではない。たとえば先述した『山海経』などでは、九尾狐のまた違った姿を見ることができる。

中国の伝承における「九尾の白狐」

　『山海経』によれば、九尾狐は中国の東方にある青丘国(せいきゅうこく)というところに棲んでおり、この国の狐は4つの足に9本の尻尾が生えている、という。

　また中国の逸話における九尾狐は、数々の神話、説話集などで、よいことが起きる前兆とされるめでたい生き物「瑞獣(ずいじゅう)」として扱われている。例えば実在する可能性があるという中国神話上の王朝「夏(か)(紀元前2000年ごろに成立?)」の創始者である「禹(う)」は、治水工事に夢中で30歳になっても結婚していなかった。だがある時、

『山海経』に掲載されている九尾狐。

禹の前に九尾の白狐があらわれて尻尾を振ったという。当時の中国には「九尾の白狐を見た者は王となる」という噂が流れており、このあと禹は運命の女性と巡り合い結婚し、王となったのである。

他にも禹に九尾の白狐が予言をした話や、九尾狐の九尾は九妃（9人の妻）に通じる子孫繁栄の証である、という説などもある。このように九尾狐は、幸せをもたらす瑞獣として扱われていたのだ。

国を傾け西から東へ

冒頭でも説明した「殷王朝の紂王をたぶらかした"妲己"」の存在は中国最古の歴史書である『史記』に書かれている。この妲己の正体が九尾狐であるという伝説は、13〜14世紀、中国の元王朝の時代に書かれた歴史小説『全相平話（ぜんそうへいわ）』に見られる。これらの伝説が日本に流入し、小説『封神演義（ほうしんえんぎ）』の登場などもあいまって、日本では「九尾狐＝悪女」という固定観念が生まれた。

室町時代の辞書『下学集（かがくしゅう）』や、その他いくつかの日本の作品によれば、白面金毛九尾狐（はくめんきんもう）はまず妲己となって殷王朝を滅亡に導いたのち、インドで「華陽夫人（かようふじん）」を名乗って班足（はんそく）という王をたぶらかし、そのあと中国に戻り、西周王朝の幽王（せいしゅう）（紀元前770年ごろ）が溺愛した美女「笑わぬ褒姒（ほうじ）」となって西周を滅亡に導いたとされる。このとき褒姒として死んだ九尾狐は、日本で生まれ変わって玉藻前となり、そして冒頭で述べた最後を遂げるのである。

班足と、華陽に化けていた白面金毛九尾の狐。江戸時代末期の浮世絵師、歌川国芳画。

ちなみに褒姒が西周王朝を滅ぼした経緯は、12世紀中国の歴史読本『十八史略（じゅうはっしりゃく）』に書かれている。この本では褒姒が九尾狐だとはどこにも書かれていないため、褒姒が九尾狐だとする日本の話は「後付設定」にすぎないが、原典の話も「いかにも傾国の美女である九尾狐がやりそう」な内容になっている。

それによれば、褒姒は滅多に笑わないが、笑うと非常に美しいため、王はあらゆる手を尽くして褒姒を笑わせようとした。ある日、都の役人が手違いで、諸国の貴族に出陣を求めるのろしをあげてしまった。無駄に集まった諸侯を見て褒姒は笑い、それを見た王は、その後も無意味にのろしをあげるようになってしまった。

のちに反乱で都が攻められたとき、王はのろしをあげたが、褒姒にさんざん振り回された諸侯は、今回も偽ののろしだろうと考え、救援の兵を送らなかった。こうして西周王朝は、傾国の美女「褒姒」の笑顔ひとつによって滅亡したのだいう。

> よいですか悟空、綺麗な女性に誘惑されても、ふらふらついていってはいけませんよ。狐精の誘惑だったら大変です。
> 八戒、あなたもです！ 踏んでくれそうでも近づいちゃいけません！

中国の思想事典① 儒教と徳

なー三蔵様〜、トクってなんなんだ〜？
三蔵様に会う前にさあ、ジジイとか仏とかが、お前にはトクがない、トクが低いってうるさかったんだよ。

　紀元前5世紀ごろの中国は、統一王朝「周」が崩壊し、豪族どうしが血で血を洗い、謀略と暗闘が渦巻く戦国時代を迎えていた。これに心を痛めた「孔丘」という思想家は、周の創始者が編み出した「礼」という概念を発展させることで、祖先崇拝と道徳教育を軸とした新しい思想「儒教」を編み出した。

　皆がこの教えに従えば、下克上も無益な戦乱も収まり、平和な世界が来ると考えた孔丘のもとには多くの賛同者が集まり、彼らは孔丘のことを「孔子（孔先生という意味）」と呼んで敬ったという。

　孔子の存命中に中国が平和になることはなかったが、それから約200年後、恐怖政治で民を苦しめた「秦王朝」を打倒した漢王朝は、大陸統治のシステムに儒教を組み込むことで200年の統一と平和を手に入れた。

　儒教は権力者の暴走を見張るためのシステムとして有効に働き、のちの中国統一王朝の礎となったのだ。

儒教の始祖、孔子の絵。身長は約2mも非常に高かったらしく「長人」とも呼ばれていた。

儒教の八徳

　儒教では、「仁、義、礼、智、信」という5つの徳"五常"を重視し、これらを実行する帝王を「徳が高い」と賞賛した。また、五常に加えて「孝、忠、悌」という良い行いをすることが重要だと説いていた。

仁	他者を思いやること。	信	嘘をつかず誠実であること。
義	利益と関係なく、正しいことをすること。	孝	親孝行をすること。
礼	上下関係を尊重すること。	忠	主君に裏表無く仕えること。
智	道理をわきまえた行動をとること。	悌	年長者によく従うこと。

ええ悟空、"徳"というのは、あなたに足りていないものです。
偉い人をうやまう礼の徳、道理をわきまえる智の徳、嘘をつかない信の徳……ええ、そんな徳のない悟空にはこうです！

アイタタタタ‼　痛い！　痛い！
なんでだよ、オレまだ何も悪いことしてね〜よ〜‼

妖怪

お月様に住む兎のお話
玉兎(ぎょくと)

棲息地：月　出典：『太平御覧』(977年～983年　編：李昉)、『神異経』(前154年～前92年　著：東方朔)、『西遊記』(16世紀　編：呉承恩?) など多数　別名：月の兎

普遍的な伝承「月にいる何か」

　日本や中国では、月の表面に見える薄暗い模様を「月に住むウサギ」の姿だと考える。同じ模様でも外国では見方が異なり、例えばヨーロッパでは本を読むおばあさんや大きなハサミを持つカニに、アラビアでは吼えるライオンに、月の模様が見えているそうだ。

18世紀の清朝皇帝の服にある図柄。月の兎が仙薬をついている。

　中国における「月の兎」は玉兎(ぎょくと)と呼ばれている。この兎は月面に住み、杵(きね)と臼(うす)で不老不死の仙薬をついているのだという。玉兎は数々の文献にその名前が記されており、例えば『太平御覧(たいへいぎょらん)』には「月中何か有る、白兎薬をつく」、『神異経(しんいきょう)』には「月中に玉兎あり、杵を持ちて薬をつく」という記述がある。またその内容には諸説あるものの、仏教の説話には、飢えに苦しむ人間にみずからの肉体を捧げた兎の霊が、月に送られて不老不死の仙薬をつくようになった、という物語が残されている。

　この兎は夜になると一生懸命薬をついて、世の中の人々に幸福を降ろすのだという。だが夜のあいだずっと働き続けるため、昼になると疲れて眠ってしまう。そして日が暮れるとそろそろと起き出し、ふたたび薬をつきはじめるのだ。

中国における「月の兎」伝承

　中国の神話学者である袁珂(えんか)によれば、かつての月は非常に寂しい場所だった。広大な月面に、高さ500丈（約1500m）のとても大きな桂(かつら)の木が1本と、宮殿がひとつだけあり、そして木のそばで1羽の白い兎が、ひたすら薬を作っているのだ。ところがしばらく後、呉剛(ごごう)という男が月にあらわれ、斧を振るってたった1本の桂の木を切り倒そうとたくらみはじめた。

　この呉剛という男は、とある仙人に弟子入りしていたのだが、何らかの過ちから師匠の怒りを買ってしまい、月に生えている桂の木を切り倒さなければ地上に戻れない、という罰を受けた人間だ。だがこの罰は、非常に冷酷なものである。なぜなら月の桂の木は、どのような方法でどれだけ傷を付けようがすぐに治ってしまうため、決して切り倒すことができないのだ。そして月面には今でも、薬をつき続ける兎と桂の木、そして桂の木に斧を振るい続ける、事実上の無期懲役を言い渡された男の、1羽1本ひとりが暮らしているそうだ。

英雄の妻と月の斑点

　月の模様は世界各地でさまざまな形に捉えられている、ということは先述したとおりだが、中国にはもうひとつ、月の模様に関する伝承が存在している。それは中国神話上の英雄、羿（→p18）の妻である嫦娥が引き起こした事件を発端とするものだ。

　羿は天界の神、妻の嫦娥は仙女であり、ともに不老不死の存在であった。だがある仕事を引き受けたことを発端に天界から疎まれてしまい、夫婦共々神籍を剥奪され、不老不死の力を失ってしまったのだ。だが羿はその力を取り戻すべく、西王母（→p114）という女神から、もう残りはないから気を付けるように、と念押しされた上で、ふたり分の不老不死の仙薬をもらい受けたのである。

　しかし、嫦娥は常々、神籍を剥奪され天界に戻れなくなったのは夫のせいだ、と考えていた。さらにこの仙薬は、ふたりで分けて飲めば不老不死になるのみだが、ひとりで全部飲んでしまえば天に昇って神になれる、というものであったのだ。嫦娥は自分が仙薬を全部飲んで天界に戻ったとしても、あくまで自身は夫の巻き添えを食らっただけ、不義理にはあたらないだろうと、仙薬を全部飲み干してしまったのである。すると嫦娥の身体は空中に舞い上がり、月へと向かっていった。

　月の宮殿に到着するや否や、嫦娥の身体はみるみるうちに縮みはじめ、最終的には醜いヒキガエルの姿へと変貌した。嫦娥は夫を裏切った代償として、天界へも地上へも帰ることは叶わず、醜い姿でひとり、永遠に月で生きることになったのである。月面に見える暗い部分は、ヒキガエルとなった嫦娥の皮膚の斑点なのだという。

さまざまな作品で活躍する玉兎

　玉兎は数々の文学作品や小説集にその姿が見られるのだが、特に長編小説『西遊記』は、それらの中でも特に玉兎の大活躍が描かれている作品だ。西遊記の第九十五回に登場する玉兎は、三蔵一行の訪れた国でトラブルを起こす。実はこの国の姫は、かつて玉兎のことを理由もなく殴った月の天女「素娥」の転生体だったからだ。玉兎は恨みを晴らすべく、素娥の転生体である姫をさらって荒野へ捨て、さらにみずから姫に化けて入れ替わっていたのである。

　その後、妖怪変化の類であることを孫悟空（→p134）に見抜かれ、さらに三蔵法師をたぶらかそうとした玉兎は、怒り狂った孫悟空と戦うことになる。ここで玉兎は、並の妖怪や神仙なら一撃で叩き潰す威力を誇る如意金箍棒を振るう孫悟空に対して、月世界で使い慣れていた杵、碓嘴短棍を振るっての大立ち回りを見せるのだ。玉兎は何度も武器を打ち合い善戦こそしたものの、さすがに一騎当千の強者である孫悟空に及ぶはずがない。結果としては月の神様である太陰星君がふたりのあいだを取りなし、玉兎は太陰星君とともに月へと帰っていったのである。

> 悟空、よいですか？　わが国では、皇帝陛下のお名前と同じ漢字を使うのは不敬です。嫦娥さんも昔は姮娥（こうが）というお名前だったのですが、漢王朝に「恒」という皇帝様がいたので、改名なさったのです。

特産品はハムと化け猫
金華猫（きんかびょう）

棲息地：浙江省金華地方（中国東部）　出典：『説聴』（1494年〜1551年　著：陸粲）　別名：金華の猫

猫を飼うならご用心

　中国東部、経済都市上海（シャンハイ）の南部にある金華地方は、「金華ハム」という生ハムと、化け猫の名産地として中国全土にその名を知られている。

　金華地方の伝説によれば、この地方で人間に飼われた猫は、わずか3年で化け猫になるのだという。もっとも明（みん）の時代に書かれた『説聴（せっちょう）』という文献によれば、飼われた猫のすべてが化けるのではなく、ごく一部が妖怪に変化するそうだ。妖怪になった猫は、夜な夜な屋根の上に登り、夜空の月に向かって口を開けて、月から放たれている精気を吸収しはじめる。このようになって何年かたつと、猫は人里を離れ、深い山の中、あるいは仏殿などに入って行き、ねぐらを作ってそこで暮らすようになる。これは野生化したのではなく、昼間に身を隠すための行動だ。

　月の精気を十分にたくわえた金華の妖怪猫は、いよいよ人間に害をなすようになる。彼らは夜になると人里に姿をあらわし、相手が女ならば美青年に、男ならば美少女に姿を変え、人間をたぶらかし、惑わせるのだ。また、人間の飲料水に放尿して、それを飲んだ人間をまとめて魅了し病気にしてしまうという、無差別テロのような作戦まで利用してくる手強い存在である。

化け猫の呪いから逃れる唯一の方法

　金華地方で病人が出ると、家人は病人のまわりに猫の毛がないかどうかを確認し、それを見つけると"化け猫のせいだ"としてただちに猟師を手配する。そして、猟師はかならず数匹の猟犬を連れて来て、家の中で一斉にそれを放す。なぜなら、この妖猫を捕まえられるのは猟犬だけだからだ。

　猟犬がみごと化け猫を捕まえてくると、猟師はその猫を即座に殺し、皮を剥ぎ、肉を切り取ってそれを火で炙り、病人に食べさせる。これが「金華猫憑き」とでも呼ぶべきこの病を治す唯一の方法なのだ。ただしこの治療法は、病に倒れた人間と猫が違う性別の場合のみ効能が出る。男にオス、女にメスの肉を食べさせても効果はないため、猫と病人が同性でないことを祈るしかない。

　ただし『説聴』には、この化け猫に取り憑かれたものの、故郷へ帰る、つまり妖猫から距離的に遠ざかることで命を取り留めた例も紹介されている。

なー三蔵様〜。なんでここの人間たちって、化けるのがわかってんのに猫を飼うんだー？　そのうち病気を流行らせるようになるんだから、その前に捕まえて焼いて食っちまえばいいじゃねーか。

落し物にはご用心
金蚕(きんさん)

棲息地：中国南西部　出典：『幕府燕閑録』(960年〜1127年　著：畢仲詢)、『本草綱目』(1578年　著：李時珍)　など　別名：蠱毒

富と災いをもたらす怪虫

　中国には「蠱毒(こどく)」と呼ばれる、小さな虫や動物を使う呪術が古くから伝わっている。これは雑多な小動物あるいは虫を使って人を呪う妖術で、人を害して死に至らしめるほか、呪った人間の元に財産を引き寄せる、という蓄財の邪法である。さまざまな蠱毒法の中でも、特に有名なのは「金蚕(きんさん)」というもので、その特性からか逸話が数多く残されている存在である。その姿は蚕(かいこ)のようだとも、黄色または黄金のジムシ(カブトムシの幼虫のような、土の中にいる白いイモムシ)のようだとも言われている。

　金蚕の登場する話の基本的な流れは、まず物語の主人公が道端や家の前に置かれた箱を見つけて持ち帰り、それを開けてみると、中にはたくさんのお金、あるいは金の延べ棒などの金銀財宝が入っている。そして箱の中には金蚕が紛れ込んでおり、拾い主に取り憑くのである。金蚕が富を集める方法はおおまかに、金蚕の排泄物を他人に食べさせるとその人が死に、その人が持っていた財産が手に入る、というものと、ただ持っているだけで金銀が舞い込んでくる、という2通りだ。だが、金蚕は放っておくと家の者に祟りはじめ、死者が続出し、金銭のみがむなしく増えていくのである。

　だが、金蚕を手放すのは容易なことではない。ただ遠くへ捨てても戻って来るうえ、どう攻撃しても死なないからだ。この怪虫を手放すには、手に入れた財産の数倍、あるいは箱に入っていた金銀財宝の数倍とともに金蚕を箱に戻して捨てるしかない。莫大な利息を支払うことで、ようやく金蚕は離れていくのである。そして別の人がまた、箱を拾って持ち帰り、同じことが幾度となく繰り返されるのだ。

数々に語られる金蚕対抗策

　このように非常にやっかいな性質を持つ金蚕だが、なかには「金蚕をしりぞけ、財産のみを手に入れた」という幸運な人物の逸話も少なからず残されている。

　特に有名な物語では、とある貧乏な男が、家の前に置いてあった竹の籠を家の中に持ち込んだところ、中身は金蚕の財宝で、つまり男はすでに怪虫に取り憑かれていたのだ。男は友人から金蚕の説明を受けると、他人を傷付けるのは嫌だ、それに自分は清貧に誇りを持っているのだと、死を覚悟して金蚕を飲み込んでしまう。だが悪いことは起きず、ただ財産を手に入れ裕福になったのみで、男は天寿を全うした。

ええ、金蚕は怖い妖怪ですね？　ですから地面に落ちているものに手を出してはいけないので……こら悟空！　言ってるそばからイモムシ拾うんじゃありません‼　あああっ、しかも食べちゃった⁉

illustrated by 夢子

さめざめ泣いて真珠の贈り物
鮫人(こうじん)

棲息地:不明　出典:『諧鐸』(1792年　著:沈起鳳)　別名:蛟人

サメではなくて龍の下半身

真珠は古くから世界中で「人魚の涙」と呼ばれてきた。中国にも生物の涙が真珠になったという伝説があるが、真珠を作ったのは人魚ではなく、「鮫人」と呼ばれる妖怪である。18世紀の中国の小説集『諧鐸(かいたく)』に掲載された鮫人と真珠の物語によれば、鮫人とは上半身が人間で、下半身が「蛟龍(こうりゅう)」という龍の姿になっている妖怪である。彼らは機織りが得意で、みごとな布を作ることができるという。

ここまでは西洋の人魚伝説と大きな差はないが、この作品によると、鮫人は「青い目にモジャモジャのヒゲ、全身は黒色で鬼に似ている」とある。残念ながら鮫人の真珠は、美少女人魚の涙から生まれたものではないようだ。

鮫人の真珠のつくりかた

小説『諧鐸(かいたく)』は、物語の主人公である人間の青年が、砂浜で倒れている鮫人を見つけるところから物語がはじまる。青年は、鮫人の奇妙な姿に物怖じすることなく近付き、声を掛けたところ、鮫人はつらつらと身の上を語りはじめた。それによれば、鮫人は水晶宮(いわゆる竜宮城)でお姫様の花嫁衣装を作っていたのだが、失敗した罪で追放されてしまったのだという。そして、行くあてのない自分を引き取って使ってほしい、と懇願(こんがん)したのである。

青年は鮫人に同情して願いを聞き入れ、家に連れて帰り下働きとして雇ったのだが、鮫人は一日中何もすることなく、部屋に閉じこもっているばかりであった。それでも青年は鮫人が哀れな身の上であることを思い、そっとしておいた。

そして鮫人が家に来てからしばらくしたあと、青年はたまたま出会った美しい女性に一目惚れし、即座に結婚を申し込む。だが彼女の母親は青年を試すため、真珠を1万個用意できれば娘を差し上げよう、と、無理難題を押し付けてきた。

青年の家はそれなりに裕福ではあったが、1万個の真珠を用意できるほどの財産はさすがにない。失恋に落ち込む青年に同情し、鮫人はさめざめと泣きはじめた。するとその涙が真珠となり、ぽろぽろと床に転がったのである。それを見た青年は鮫人に頼んで泣きに泣いてもらい、大量の真珠を手に入れ、女性と結婚する。そして鮫人は追放期間を終え、海へと帰っていったのであった。

おい悟空知ってるか？「真珠は鮫の肌からとれる」んだってよ！……なーんてな、ウソウソ。宋の時代に人間たちが言ってたウワサ話だよ。実際は貝のなかに……あれ、三蔵様どこいった？

袖から飛び出す！ 秘密兵器
哮天犬
出身地：不明　出典：『封神演義』（14世紀～17世紀　編：許仲琳）、『西遊記』（16世紀　編：呉承恩?）

伸縮自在の黒い忠犬

　道教には、顕聖二郎真君という神がいる。日本ではなじみのない名前だろうが、中国四大奇書のひとつ『西遊記』や、史実の殷周革命戦争を舞台に仙人や道士、妖怪たちが大戦争を繰り広げる神怪小説『封神演義』に「楊戩」という名前で登場しており、こちらの名前であれば知っている人も多いだろう。彼は常に「哮天犬」と呼ばれる黒い毛の仙犬を連れているが、この哮天犬、なかなかの優れ者なのである。『封神演義』における哮天犬は、ふだんは体を小さく縮めて、主人である楊戩の袖の中に潜んでいる。そして戦いのなかで楊戩が合図をすると、たちまち元の大きさに戻って敵に飛びかかるのだ。哮天犬の知

撮影：Shizhao

四川省都江堰市にある、顕聖二郎真君像。

能は非常に高く、最適な攻撃のタイミング、かみつくべき場所などを考えて立ち回り、必要とあれば逃げ出すだけの知恵もあるのだ。
　『西遊記』では二郎真君が連れている黒犬として登場するが、こちらの作品では名前が呼ばれることはなく、登場人物もただ「二郎真君の犬」と呼んでいる。本作での二郎真君は、まだ三蔵法師の弟子になる前の孫悟空（➡p134）が天界で大暴れをしたときに、鷹と哮天犬を連れて孫悟空の討伐に向かっている。哮天犬は、手痛い一撃を受けて倒れた孫悟空が起き上がろうとしたところを、足に噛み付いて押え込んでいる。手負いとはいえ、重さ数トンの鉄の棒を軽々と振り回す怪力の孫悟空を押え込めるあたり、ただの仙犬ではないことは明らかだろう。

顕聖二郎真君とは

　顕聖二郎真君は、道教における治水と戦いの神であり、『封神演義』における"楊戩"のほかにも数多くの別名を持つ。創作作品に登場するときの二郎真君は、額に縦長の第3の目と、先が3つに分かれた大刀（日本の薙刀のような武器）を持ち、かたわらに鷹と哮天犬を連れた姿で描かれることが多い。

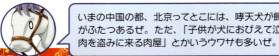

いまの中国の都、北京ってとこには、哮天犬が飾られてる二郎真君の廟がふたつあるぜ。ただ、「子供が犬におびえて泣いた」とか「哮天犬が肉を盗みに来る肉屋」とかいうウワサも多いぜ。神の犬も形なしだな！

illustrated by 浜田遊歩

かわいい子はみな私のもの!
姑獲鳥

棲息地：荊州（現在の湖南省周辺・中国南部）　出典：「玄中記」（265年～316年　著：不明）
「本草綱目」（1578年　著：李時珍）など　別名：鬼車、鬼鳥、天帝少女、夜行游女、隠飛など

美少女に変身する鬼鳥

　姑獲鳥は、人間と鳥のふたつの姿を持つ妖怪である。彼女たちは自在に変身するための毛皮を持っており、毛皮を着れば鳥の姿に、毛皮を脱げば美しい少女の姿になるという。生態は夜行性で、まるで幼児のような声で鳴くともいわれている。また、これらの特徴から姑獲鳥は「天帝少女」「夜行游女」「隠飛」など、数多くの別名で呼ばれることもある。

　姑獲鳥は姿形や性格こそ女性そのものだが、子供を産むことができないという。そこで彼女たちには、人間の子供を誘拐して、自分の子供として育てるという習性がある。まず姑獲鳥たちは、夜中に裸でいる子供を探して飛び回り、見つけたらその子供の服に自分の血を垂らして目印とし、後日再度やってきて子供をさらってしまう。そのため姑獲鳥を恐れる人々は、自分の家から子供が誘拐されないように、決して夜中に子供の服を干さなかったという。

姑獲鳥の羽衣伝説

　姑獲鳥には別の物語もある。3、4世紀ごろの晋王朝の時代に、とある男が美しい娘ばかりが6、7人もいるのを見つけた。そして彼は、近づいてその姿をよく見ようと思い、地面を這ってこっそり近づいていった。男は知らないことであったが、彼女たちこそ姑獲鳥の一族だったのである。

　このときその男はイタズラ心を起こし、近くにあった毛衣（羽毛で作った服のこと）をひとつどこかに隠してしまった。男に気づいた姑獲鳥の娘たちは、鳥に変身して急いで飛び去ったものの、自分の毛衣を隠された娘だけは逃げることができず、やむなく男と結婚することとなった。

　それから何年か経ち、男と姑獲鳥のあいだには3人の娘が生まれたが、姑獲鳥はどうしても自分の故郷に帰りたかった。姑獲鳥は娘たちを説得して、娘たちが父に対して、母親の毛衣のありかを問い詰めるよう仕向けた。「毛衣は稲藁の下に隠してある」という情報を娘たちから知らされた姑獲鳥は、毛衣を取り返して姑獲鳥の故郷に飛び去ると、娘たちに着せるための毛衣3着を手に入れて戻ってきた。そして母親と3人の娘は、毛衣で鳥に変身して男の元から去ってしまったという。

　晋の時代の物語集である『捜神記』の記述によれば、姑獲鳥のことを「鬼車」と呼ぶという。だが、いま中国で知られている「鬼車」という鳥の特徴は、姑獲鳥とはまったく違ったものである。

「鬼車」は姑獲鳥か?

　13世紀、宋王朝の時代に書かれた『斉東野語』に収録された伝承によれば、鬼車とは9つの頭を持つ鳥だという。体は丸く、翼は頭部の後ろ側「うなじ」の部分に1組ずつついている。つまり鬼車は頭9個×2枚で18枚の翼を持つ妖怪なのだ。これらの翼はひとつの生物としてうまく連携がとれておらず、飛ぶたびに翼どうしがぶつかって、折れたりねじれたりしてしまうらしい。

　言い伝えによれば、この鳥はもともと10個の頭があったのだが、そのひとつを犬にかみ切られてしまった過去がある。首をかみ切られたときの傷はいまでも癒えておらず、傷口から血を垂らして周囲を汚すという迷惑な妖怪である。そのため鬼車の鳴き声を聞いた人は、すぐに犬を吠えさせ、明かりを消してやると、鬼車はどこか遠くへ飛んでいくと伝えられている。

　鬼車が姑獲鳥と同じ存在だと書かれているのは3世紀の文献であり、鬼車に9つの頭があるという伝承は14世紀のものである。美女と鳥に変身する存在を「9つの頭がある鳥」と混同するはずがないので、鬼車が9つの頭を持つとされるようになったのは、姑獲鳥の伝承が作られた3世紀より後だったと想像できる。

　また、姑獲鳥の伝承よりも数百年前、中国の「戦国時代」に書かれた詩集『楚辞』の詩によれば、女岐という女の妖怪がおり、「夫もないのに9人もの子供を引き連れた女性の妖怪」だと書かれている。ちなみに女岐が連れている子供の人数は、鬼車の頭の数と同じ「9」となっている。これらの傍証から、鬼車の伝承は、女岐と姑獲鳥の伝承と、なんらかの形で関係があるものと思われる。

茨城に飛来した姑獲鳥

　日本の茨城県には「ウバメドリ」という妖怪の伝承がある。

　このウバメドリは、夜間に子供の着物が干してあるのを見つけるとそれを我が子のものだと思い、着物に毒のある乳を絞るという。これは中国から伝わった姑獲鳥の伝承が名を変えて定着したものだろう。

　日本には、この「ウバメドリ」に似た名前と近しい性質を持つ「産女(うぶめ)」という妖怪がいるが、この"うぶめ"という名前に"姑獲鳥"の漢字を当てて「姑獲鳥(うぶめ)」と読ませることがある。

江戸時代の画家、鳥山石燕の妖怪画集『画図百鬼夜行』に描かれたうぶめ。妊娠した子供を産まずに死んでしまった女性が変じた妖怪だが、うぶめという名前に「姑獲鳥」の文字があてられている。

上で紹介してる「産女(うぶめ)」なんだがな、子供を狙う手口が姑獲鳥と似てるってんで、日本じゃ姑獲鳥と書いて"うぶめ"と読ませるようになったそうだぜ。

中国の思想事典② 方位の名前

妖怪って、なんでかしらねーけど決まった方角から出てくるんだってさ。ところで「うしとらの方角」ってどっちなんだ？北とか東ならわかるけどさー！

　中国には、東西南北という4つの方位以外にも、より細かく方位を分割する独特の制度がある。360度を12等分して、それぞれを十二支の干支になぞらえた「十二方位」、中国の占いなどで使われる「八卦」を使った「八方位」などである。これらの方位は妖怪の行動パターンと関連性が深いので、紹介しておこう。

四方と八卦と十二支

十二方位

　北を十二支の「子」とし、30度おきに順番に十二支の動物を並べた方位。中国の方位の呼び名としては東西南北に次いで古い、非常に歴史あるものだ。
　発祥は天文学。12は2でも3でも4でも割り切れる便利な数で、ギリシャでも黄道12星座に利用されるなど、天文の分野で世界的に使われていた。

八方位

　中国の八卦とは、陰陽思想の「陰と陽」をあらわす棒を、合計3本並べたときにできあがる8種類の図形である。
　八方位のうち4つが十二方位の中間似位置するので、日本では丑と寅の中間にある「艮」を"うしとら"と読ませるなどし、漢字の読みから十二方位と八方位の連携をはかっている。

告げ口に生きるお邪魔虫
三尸(さんし)

棲息地：中国、日本　出典：『抱朴子』（317年 著：葛洪）、『金瓶梅』（1573年〜1620年 著：笑笑生）、『西遊記』（16世紀 編：呉承恩?）、『封神演義』（14世紀〜17世紀 編：許仲琳）など　別名：三尸神、三虫

人体に潜む3匹のやっかい者

中国の思想「道教(どうきょう)」では、人間の身体には生まれつき、3匹の虫が潜んでいると考えている。「三尸(さんし)」と呼ばれるその虫たちは、人間の寿命を縮め、病気にかからせてしまう、きわめて危険な寄生虫なのだ。

三尸は「上尸(じょうし)、中尸(ちゅうし)、下尸(げし)」の3匹からなる虫で、体長は親指の横幅の2倍程度。外見は文献によってさまざまで、細長い寄生虫「回虫」のようだとする文献、ダニのようなものだとす

『太上除三尸九虫保生経』にある三尸の画。向かって右から順に上尸、中尸、下尸。

る文献などがある。7〜10世紀に成立した、唐王朝時代の文献『太上除三尸九虫保生経』では、右上のように上尸は道教の理論を実践する「道士」の姿、中尸は獣の姿、下尸は牛の頭から人間の足が1本生えた姿で描かれた。

三尸が寄生している部位も文献ごとに異なるが、おおむね名前にあるとおり、上尸は人体の上のほう、下尸は人体の下のほう、中尸はその中間に寄生しているようだ。ある文献では上尸は脳に、中尸は眉間から体内に3cm入った位置「明堂(めいどう)」に、下尸は肺のすぐ下の横隔膜に潜んでいる。別の文献では、上尸は人間の頭、中尸は腹の中、下尸は足の中にいるとされている。三尸たちは体内で人間に悪さを働くのだが、その内容も彼ら自身が寄生した部位と関係がある。例えば上尸は頭の中に住んでいるので、人間の金銭欲をかきたてたり、首から上の病気を引き起こす。中尸は暴飲暴食を誘発し、内臓の病気を引き起こす。下尸は腰から上の病気を誘発し、性欲を高めて悪徳に誘うのだという。

三尸と人間の生存競争

ここまでの三尸の説明では、三尸と寿命の関係をまだ述べていない。三尸は非常に変わった方法で人間の寿命を縮めてしまうのだ。道教の説くところによれば、60日周期でやってくる「庚申(こうしん)」という日の夜に、三尸たちは人間の体から抜け出して、道教が最高神と位置づける「玉皇上帝(ぎょくこうじょうてい)」のところに向かう。その目的は、人間がそれまで積み重ねてきた悪事を、玉皇上帝に報告するためだ。

そして三尸たちは、それまでに記録した、宿主が犯した罪を細大もらさず密告する。玉皇上帝はその報告に基づいて寿命を計算し、小さな罪なら少しだけ、大きな罪ならたくさんの寿命を減らしてしまうのである。

なお、三尸たちが人間を病気にしたり、このような"告げ口"を行うのは、三尸たちは宿主の人間を殺すことで肉体から解放され、自由に活動できるようになるからだと考えられている。つまりこれは、三尸と人間の生存競争なのである。

厄介なことに、三尸たちが報告する罪の内容は非常に厳格で、例えば一瞬よこしまな考えを浮かべた、人を睨みつけた、淫らな妄想をした、ささやかな嘘をついたなどの、非常に些細なことまでもが含まれている。どのような聖人君子であろうと、常にそこまでの善人であれるはずがない。そこで道教では、まずは三尸の行動を妨害し、最終的には駆除してしまおう、という考えが取られている。

三尸たちが悪事を報告に行く庚申の日の夜になると、中国の人々は１カ所に集まり、一晩中寝ないで大騒ぎをした。なぜなら三尸たちは、人間が眠っているあいだに体から抜け出して、玉皇上帝のところに報告に行く、と信じられていたため、一晩中起きていることで三尸たちが報告に出られないようにするのである。このような集会のことを中国では「守庚申」「守庚申会」などと呼んでいた。

日本における三尸伝承

庚申の日の夜は三尸の行動を妨害するために眠らない、という中国の風習は、少なくとも平安時代には日本に伝わっていたらしく、平安時代の随筆『枕草子』には「庚申せさえ給うとて」と記されている。このころは一部の人々だけが行っていた三尸対策の会は、江戸時代に入ると「庚申待の夜」と呼ばれ、一般民衆のあいだでも盛んに行なわれるようになった。

庚申待の夜になると、周辺の人々がひとつの場所に集まり、まずは日本の庚申待の神である、猿の姿をした「青面金剛」にお参りをする。仏教であれば帝釈天、神道ならば猿田彦を拝む。庚申待の申とは「猿」のことだから、猿の化身である青面金剛や、猿を従えた帝釈天を拝むのだ。猿田彦の場合は、名前に「猿」が入っているのが庚申待の守護神とされる理由である。

庚申待に集まった人々は、一晩中お酒を飲む、雑談をするなどして、眠らずに朝まで騒ぎ通して過ごす。そして何度目かの庚申待の夜を開催したあとは、それを記念して庚申塔または庚申塚と呼ばれる石塚を建立するのだ。この石塚は、庚申待の夜の風習がなかった沖縄を除く全国各地に数多く建立されており、現在も撤去を免れたものが、道端や寺社仏閣の私有地などに残されている。

だが、時代が進むにつれて庚申待の目的は形骸化していき、ただ単に仲間内で集まって酒を飲み、遊んで過ごす口実になっていったようだ。

人間って三尸のせいで、ちいさい悪事なら１日か３日、でかい悪事をすると300日くらい寿命が縮むんだってな。これじゃおちおち喧嘩もできねえじゃん。おいらは妖怪でよかったぜー！

中国の思想事典③ 五行思想

妖怪のなかには「火の妖怪」だとか「水の妖怪」なんてやつも多いからな。そういう変な環境で生きてる妖怪と戦うときは、「五行思想」を知っておけば、弱点がすぐにわかるぜ。

中国では、この世に存在するすべての物質は、5種類の元素の組み合わせでできていると考えられていた。この思想は「五行説」「五行思想」などと呼ばれている。またこの思想は、61ページで紹介する「陰陽思想」の発展形として生まれたため、両者を合体させて「陰陽五行思想」と呼ぶことがある。

五行思想が説く5つの元素とは、「木火土金水」の5種類である。ヨーロッパにも「地水火風」の4元素で世界を説明しようという試みがあり、五行説との類似性がうかがえる。

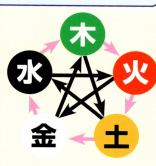

← 相生　　← 相克

五行の特徴と対応するもの

五行の名前	色	方位	季節	内蔵
木行	青（緑）	東	春	肝臓
火行	赤	南	夏	心臓
土行	黄色	中央	土用	脾臓
金行	白	西	秋	肺
水行	黒	北	冬	腎臓

五行の相生と相克

五行説の元素の特徴は、ある元素から次の元素が生まれたり、ある元素が次の元素を打ち消すなど、複数の元素のあいだに相性や相関関係があることだ。

例えば "木" が燃えて "火" が生まれ、"火" はやがて灰（土）になるように、元素が次の元素を生み出す関係のことを「五行相生」という。

逆に、"火" が金属を溶かし、金属は "木" を切り倒し、"木" は "土" を押しのけて生長するように、元素が別の元素を弱める関係性を「五行相克」という。

五行の相生と相克の関係は右上の図のように決まっている。

猩々
君のクチビル、いただきまーす

棲息地:中国、ベトナム、日本　出典:『山海経』(前4世紀～3世紀　編:禹、伯益)
『礼記』(51年　編:戴聖)　別名:攫猿

美味しい山の猿妖怪

　猩々とは、獣の体に人の顔を持つ妖怪である。「獣の体」が何なのかについては諸説あり、中国最古の百科事典『山海経』では"猿の体に白い耳"とし、歩くときは四つ足で、走るときは二足歩行で走るという。一方で「秦の始皇帝」のパトロンとして知られる呂不韋の『呂氏春秋』への注釈には、人の顔に"犬の体"だと書く。また、胴体は青い獣だと書くもの、豚のような体だと書くものなどさまざまである。

　猩々の特徴はふたつある。まずは、人間の言葉を話すこと。中国の文献には、野生の猩々に人語で威嚇された話、猩々をペットにして話し相手とした話などがある。もうひとつの特徴は「食べると非常に美味」であることだ。その味わいは、上で紹介した呂不韋も「肉で美味いのは、猩々の唇」と名指しするほど。また、『山海経』によれば、食べると足が速くなるという効能まで報告されている。

　そこで野生の猩々を捕らえる方法だが、彼らを捕まえるために使うのは、なんと「酒と履き物」である。猩々のいるあたりに酒と履き物を放置しておくと、猩々は「俺をおびき寄せるつもりだろう!」と大声でののしって立ち去るが、しばらくあとに一族を連れて戻ってきて、互いに酒を勧めあい、酔っぱらって履き物に足をからめとられてしまう。あとは一網打尽に捕らえればよいというわけだ。

江戸時代日本の百科事典『和漢三才図会』より、日本の猩々には、中国と違い"猿の姿"という固定されたイメージがある。

子供を人と作る猿妖怪

　平和的な猩々とは対照的に、人間に敵対する猿の妖怪もいる。それは攫猿(かくえん)といって、千年近く生きた猿が変化する妖怪である。

　攫猿は一族にオスしかいないため、人間の女性をさらって子供を産ませ、子供が生まれると、その子供と一緒に家に返してくれる。文字どおり、人間を"攫う"から、「攫猿」というわけである。

　なお、女性が攫猿の子を抱いて帰ったあと、里の人間たちが攫猿の子供を育てないとなぜか女性が死んでしまうため、子供はきちんと育てられるという。

『本草綱目』によると、「猩々は交趾国(ベトナム)に住む」、と。
(猩々に囲まれながら)……ということは、ここはベトナムですか……?
天竺(インド)とはずいぶん違う方角ですね……てへ。

ダイエットついでに大金持ちに
消麺虫（しょうめんちゅう）

棲息地：不明　出典：『宣室志（せんしつし）』（8世紀）　著：張讀

大好物を横取りする妖怪

　食事のあとに「デザートは別腹」だとお菓子をほおばる女性がいるように、好物が胃袋の容積を広げてしまうのは万国共通の生理現象だ。近年は数kgの麺類を軽く平らげてしまう大食い自慢もめずらしくないが、もしかするとその人は「消麺虫（しょうめんちゅう）」という妖怪にとりつかれているのかもしれない。

　消麺虫は、体長数センチほどの、青い蛙のような外見の虫である。この虫は人間の腹の中に棲み着くと、宿主が食べた麺類を体内ですべて横取りしてしまうのだ。消麺虫の力で宿主は無類の麺好きになり、常人には食べきれないほどの大量の麺を食べ続けるようになるが、どれだけ食べても満足できないばかりか、だんだんと体が痩せ衰えて死んでしまうのだ。本来宿主の栄養になるはずの麺を横取りされているのだから、当然の結果といえるだろう。

　また、消麺虫は非常に生命力が強い妖怪で、油でぐつぐつと煮込まれても平気で生きているのだという。

消麺虫成金の物語

　消麺虫の物語は、8世紀の短編小説集『宣室志（せんしつし）』で語られている。

　6世紀ごろの中国に、役人を目指して日々勉学に励む麺好きの青年がおり、いくら食べても体が痩せることに悩んでいた。もちろん彼は、消麺虫に取り憑かれていたのである。悩む青年のもとにある外国人がやってきて、その悩みは消麺虫のせいであることを知らせると、紫色の丸薬を飲ませて消麺虫を吐き出させた。すると青年は、あれだけ大好きだった麺料理を食べたいと思わなくなっていることに気がついたという。外国人はこの消麺虫を青年から買い取る代金として、馬車10台に満載した金銀財宝を支払ったので、青年はわけのわからないまま大富豪になったのである。

　それから1年後、青年は例の外国人に招かれて海岸に行くと、外国人は消麺虫を油で7日間煮込むという奇妙な儀式をはじめた。煮込まれてもまったく元気が衰えない消麺虫に青年が不思議がっていると、彼らの前に突然海の神があらわれ、飲み込めば水中でも息ができる宝珠を授けてくれた。青年と外国人は、これを使って海底に潜り、竜宮城から財宝を盗み出してますますお金持ちになったという。

麺だけじゃなくって、パンとか酒を好きにする虫もいるんだってさ！
175ページにいるらしいから捕まえにいこうぜ。
オレ？　オレは肉か果物がいいー！

illustrated by あみみ

その正体は龍か貝か
蜃(しん)

棲息地：不明　出典：『本草綱目』(1578年　著：李時珍)、『礼記』(51年　編：戴聖)、
『和漢三才図会』(1712年　編：寺島良安)　など　別名：蜃気楼

口から気を吐き幻楼を見せる

　蜃という妖怪の基本的な性質は「口から気を吐き出し、それによって奇妙な楼台（屋根のある建物のこと）を描き出し、人間、特に船乗りに見せて惑わせる」というものだ。これは蜃気楼と呼ばれており、大気の屈折によって地上や水上の物体が浮き上がって見える、あるいは逆さまに見えるなどの自然現象を指すものだ。

　日本妖怪に興味を持ち、調べたことのある方ならば、鳥山石燕の『今昔百鬼拾

鳥山石燕『今昔百鬼拾遺』より「蜃気楼」。大ハマグリが蜃気楼を吐いている。

遺』に収録されている、右上写真の蜃の絵を見かけたことがあるかもしれない。ただしこの「煙を吐く大きな貝」という姿は、蜃の持つひとつのイメージに過ぎないのだ。蜃気楼を見せる蜃という妖怪は、貝ではなく龍だとする意見も根強いのである。

　このページでは、貝の姿で描かれる「蜃」と、龍の姿をとる「蜃」の両方を紹介し、その正体を探っていくことにしよう。

大ハマグリの姿をした「蜃」

　冒頭で述べたとおり、蜃の外見は文献によって大きく異なっている。まずは、中国の百科事典『三才図会』の日本語訳版『和漢三才図会』の記述から紹介していこう。『和漢三才図会』でのハマグリの蜃は、龍の姿をした蜃と同じ名前ではあるが別の存在、と注釈が付けられた上で、大型のハマグリである車螯が蜃で、龍と同じように蜃気楼を起こすのだ、という記述になっている。ただし、普通のハマグリは別の存在として扱われており、それが食べられることと、その薬効のみが記されている。

　そして蜃気楼を吐く車螯なのだが、これは大きなハマグリであるだけに食べられる貝であり、殻の色は紫でつややかにきらめき玉のようで、斑点は花に喩えられる美しいものであるそうだ。車螯は、特に春夏にかけてよく楼台を画き出す、つまり蜃気楼を吐き出すのだという。また、車螯が吐き出した蜃気楼の晴れるのが遅ければ晴天となり、早ければ風雨になるそうだ。さらに蜃気楼は船乗りがよくだまされる「怪異」とされているが、それは誤りであり、蜃気楼はすべて車螯が自然に吐き出した気が引き起こす「現象」なのだ、と説明されている。

龍の姿をした「蜃」

次に、龍の姿を取る蜃の記述を見てみよう。中国の薬学書『本草綱目』は、数々の薬や原料を属性別に分けて紹介しているのだが、蜃は同書の分類で「鱗部」という、龍や蛇の類を紹介している項目で取り上げられており、目次には同時に貝の蜃についても説明する、とある。そして解説の内容によれば、蜃は蛟（龍の一種）であり、見た目は蛇に似ているが大きく、頭に角が、ヒゲと紅色の鬣を生えており、腰から下にある鱗は逆鱗であるそうだ。また蜃から取った脂を使ってロウソクを作れば、火を灯すと蜃気楼があらわれる、という不思議な逸品になるのだという。そして『和漢三才図会』と同様に、龍の蜃とハマグリの蜃は同じ名前と特性を持つが、あくまでも別の存在である、という注釈がつけられている。

『和漢三才図会』に描かれた、龍の姿をとる蜃。

さらに同書では蜃の生まれ方についても解説している。それによれば、蛇と鳥類の雉が交わって生まれた卵が孵化したあと、生まれてすぐ地下に潜ったものが蛇となる。そして土の中で数百年を過ごしたのち、天に昇ったものが蜃になる、というのだ。

そして『和漢三才図会』における、龍の姿をした蜃の解説としては、大まかな特徴こそ本草綱目とほぼ同一であるが、細部では若干異なる記述が存在している。それによれば、蜃はツバメを好んでよく食べるのだという。また「雨が降りそうな天候のときに蜃はあらわれ、口から気を吐き出し蜃気楼を生み出す」という、蜃気楼の前兆も同時に紹介している。

数々の外見が生まれた理由

『本草綱目』と『和漢三才図会』では龍も大ハマグリも蜃だとされ、別の文献ではハマグリが蜃であると、また別の文献では龍こそが本物の蜃なのだと、文献によって蜃の正体はさまざまに語られているため、どれが真実だ、と断定するのは不可能である。

どの資料でも蜃の外見は、龍または大きなハマグリの姿のどちらか、あるいは両方なのだが、以上のように相当な情報の交錯が見受けられる。民俗学にくわしい文学博士の笹間良彦によれば、蜃の姿にここまで諸説入り乱れた原因は、古代中国の書物がまとめられた『礼記』内の「月令」の記述にその答えが求められるのだという。その内容は「ハマグリの蜃と竜族の蜃とが、もともと同名であったがために混同され、どちらにも気を吐いて蜃気楼を作るという特性が付けられた」というものだ。

ただし日本においては、鳥山石燕が手掛けた前ページの妖怪絵のおかげで、蜃と言えば大ハマグリ、という考えがほぼ定着している、と見てよいだろう。

蜃気楼、蜃気楼……ああっ、そういうこと!?
「蜃」が「気」を吐いて「楼」閣を作るから蜃気楼なのね!?
もー、そう言ってくれればすぐわかったのに〜。

謎多き肉の塊たち
視肉&太歳

棲息地:中国・日本　出典:『山海経』(前4世紀~3世紀　編:禹、伯益)、『太平広記』(977年~978年　著:李昉)、『本草綱目』(1578年　著:李時珍)など　別名:肉人?

食べておいしい肉の塊

「視肉」と「太歳」は、どちらも単なる肉の塊のように見える妖怪だ。彼らには手や足のような器官はないが、複数の目玉がついているなど、なんらかの生命活動を行っているようには見える。まずは「視肉」のほうから紹介していこう。

視肉は、2個の眼球がついた牛の肝臓のような形をした、巨大な肉塊の妖怪である。確実に生命を持つ存在だが、食事などを一切とらないため、どのような生態を持つ存在なのかはまったくわからない。

視肉を紹介している古代の地理書『山海経』などの記述からはっきりわかるのは、この肉塊からむしり取った肉が大変な美味であることと、ちぎった肉はいつのまにか再生し、どれだけ食べても食べ尽くせないことである。そして視肉は肉をちぎられてもまったく動じず、何の反応も返すことはないのだ。

この妖怪は、名山、名水の湧く野山、そして古代の帝王の墓にはかならずいるらしい。現代中国の歴史学者である袁珂は、視肉を「故人とともにお墓へ埋められた食べ物から生まれた妖怪であり、副葬品として埋められたそれを"決して尽きず美味な食べ物"という、理想的な存在に変化させたものだろう」と考察している。

土中に潜む木星の従者

太歳もまた、視肉と同じような肉の塊である。視肉との大きな違いは、太歳が土中に埋まっていることと、2個ではなく幾千もの目が全身についていることだ。また、おいしいだけの視肉と比べると非常に危険な存在であり、扱い方を間違えれば関係者全員が死んでしまうのだ。

例えば中国の古い百科事典のひとつ『太平広記』には、たまたま太歳を掘り起こしてしまった家の人たちが、道端に太歳を持ち出して、これが何かと訪ねていたところ、通りがかりの僧侶から正体を教えられ「すぐに元に戻しなさい」という忠告を受けて埋め直したが手遅れで、それから1年もたたないうちに全員が死んでしまった、という逸話が紹介されている。

ちなみに本来、中国語で「太歳」とは木星を意味する言葉である。中国の占星学では、木星のある方角で土木工事をすると災難が起きる、と考えられている。そしてこの肉塊は地中を移動し、常に太歳星、すなわち木星のある方角の地中に潜むのだという。つまり太歳という妖怪は、中国占星学上での禁忌を、具体的な形で理解させるために生まれた存在、とも考えられるだろう。

日本に残る肉塊伝説

　視肉の存在は中国の文献によって日本にも紹介されている。例えば江戸時代の日本の学者である小野蘭山は、視肉について「似た存在もおり、決して食べ尽くせないようだが、何なのかはよくわからない」と説明している。

　また、これらと類似する、奇妙な肉の塊の伝承も残されている。江戸時代後期の随筆『一宵話』には、江戸幕府の初代将軍である徳川家康が遭遇したという、視肉によく似た化け物の話が残されている。それによれば、徳川家康が滞在していた静岡の駿府城の庭に、小児のような形の肉塊で、手はあるが指がないという、奇妙な生き物があらわれたのだという。当然城内は大騒ぎとなり、どうしたものか迷った部下が家康に指示を求めたところ、追い払えばよろしい、ということで、この化け物は城から遠い所まで連れて行かれ、捨てられたそうだ。これを聞いたある人は、その肉塊は中国で言う「封」という妖怪で、食べれば武勇に優れた存在になれるのだ、現場に知識のある人がいれば、と大変悔しがったという。

　ただしこの逸話は、実際の出来事に対し、尾ひれはひれを付けて書かれたものである可能性が非常に高い。なぜなら歴代江戸幕府将軍の日記とも言える公式記録『徳川実紀』に、これと非常によく似た記述が残されているのだ。それによれば「慶長14年、駿府城の庭に、手足に指のない、ぼさぼさの髪にぼろぼろの衣服をまとった浮浪者があらわれ、アマガエルを食べ佇んでいた。城の者たちはこの人物を怪しみ、捕らえて殺そうとしたのだが、家康がそれを聞き及び、罰するまでもない、と城外に追放させた」とあり、複数の特徴や出来事が『一宵話』のそれとほぼ一致している。『一宵話』の著者である秦滄浪が、徳川将軍家が初代のころから付けていた日記の内容を元に、怪談話のように改めて話をまとめた可能性は非常に高いと言えるだろう。

肉の塊は妙薬の素材？

　先述した随筆『一宵話』によれば、その肉塊を捕らえて食べれば力が強くなり、武勇に優れた存在となれるのだという。これと同様に、生きている肉の塊は不老長寿を得られ、さらに仙人になれる霊薬「仙薬」の原材料のひとつになる、と紹介している文献がいくつかある。

　古代中国の道教研究科である葛洪がまとめた、神仙思想と煉丹術の理論書『抱朴子』には、数々の仙薬と効能、その材料を記述している項目があり、その中でも「肉芝」には特に高い薬効がある、と解説している。その内容によれば「山の中で7、8寸の小人を見ることがある。これは肉芝で、捕らえて服用すれば仙人になれる」と、特に視肉に近い存在を指して、仙薬の優れた材料である、としているのだ。ただし、これが視肉や太歳と確実に同じような存在であるかどうかは不明である。

太歳は現代でもよく発掘されてるから、知ってる人もいるんじゃねえか？まあ、正体は「粘菌」っていうキノコの親戚や、カイメンっていう海の生物だってことが多いんだけどな。

中国の思想事典④ 陰陽思想

世界には光と影の相反する2側面がある。これは世界各地で見られる考え方だが、中国ではこれを「陰陽思想」と呼び、非常に深く複雑に発展させてきた。

陰陽思想の基本は、陰と陽の一対一対応である。万物は「陰」と「陽」のどちらかに属しており、陰の存在には対になる陽の存在が、陽の存在には対になる陰の存在が、かならず1対1対応で存在すると考える。ただし陰陽とは善悪を分けるものではなく、お互いがあってはじめてひとつの要素になる不可分の存在である。例えば人間に陰の気が溜まりすぎると病気になって死んでしまうが、陽の気が溜まりすぎてもやはり病気になってしまう。陰と陽のバランスが大事なのだ。

ここまで触れた陰陽の基本的概念をまとめると、以下の5つとなる。

陰陽互根：ふたつのものが互いに存在することで宇宙は成り立っている
陰陽制約：提携律とも呼ばれる。
　　　　　　陰陽は互いにバランスを取るよう同じように作用する
陰陽消長：拮抗律とも呼ばれる。どちらかが大きくなればもう一方が小さくなる
陰陽転化：循環律とも呼ばれる。どちらかの質が良くなれば同じように良くなる
陰陽可分：交錯律とも呼ばれる。陽と陰は相反するだけの存在ではなく、陽の中
　　　　　　には陰も存在し、また陽の中には陰も存在する

陰陽思想の影響と出発点

陰陽思想は、竹製の棒「筮竹」を使った占い「易経」をはじめ、中国文化のあらゆるところに影響を与えている。家屋の吉兆などを設計する「風水術」も強い影響を受けているため、われわれ日本人にとっても縁の深い思想だ。また、陰陽思想は五行思想（➡p49）などと結びついて、「陰陽五行思想」という、非常に複雑な思想に組み入れられている。

もともと「陰陽」とは天候を指す言葉であり、季節や天候の移り変わる要因として扱われていたにすぎない。だが陰陽は、時代が進むにつれて上位の存在へと変化していき、右下のように意味が付け加えられていった結果、最終的に宇宙全体の変化や性質をふたつに分類する概念へと昇華した、と考えられている。

陰陽の概念すべてを表している太極図。円の中の同じ図形が、白と黒に反転している。

基本的特性	陰	陽
明暗・天体	暗い、月の光	明るい、太陽の光
男女関連	女性、妻、母	男性、夫、父
天気・季節	雨、寒い、秋冬	晴れ、暑い、春夏
態度・感性	穏やか、消極的	活発、積極的

人間の男を好む女蛇の精
白蛇精

棲息地：浙江省杭州（中国東部）　出典：『清平山堂話本』（1541年〜1551年）　編：洪楩　別名：白蛇夫人

邪悪な白蛇の女精霊

　白蛇精とは、16世紀ごろの中国で成立した短編小説集『清平山堂話本（せいへいさんどうわぼん）』に収録されている作品のひとつ「西湖三塔記（さいこさんとうき）」に登場する妖怪である。その正体は白い鱗の大蛇だが、美しく身分の高い女性に変身し、男を誘惑して夜の相手をさせる。だが男に飽きると、その男を殺して生き肝を奪うのである。

蛇女と魅入られた青年

　『西湖三塔記』の物語は、主人公の青年が、白蛇精の住む湖へ観光に訪れたところからはじまる。

北京市の世界遺産「頤和園（いわえん）」の回廊に描かれている「西湖三塔記」をモチーフとした絵画。

　湖のほとりを歩いていた青年が、卯奴（ぼうど）という名の迷子になっていた小さな女の子を助けたところ、祖母らしき老婆が女の子を探しにあらわれ、青年にお礼がしたいと宮殿に案内される。その宮殿の女夫人というのが絶世の美女であり、青年は夫人に誘惑されて一夜を共にし、そのあともしばらくの間宮殿に留まっていた。そして数日後、夫人は青年の前に誘惑していた男を殺し、さらに青年も殺してその肝を食らおうとしたのだが、卯奴が青年をかばって夫人に命乞いをし、何とか青年を家に送り届けたのだ。

　何とか命を取り留めた青年は、夫人から逃れるべく遠くへと逃げるのだが、1年後に例の老婆に見つけられ捕まってしまう。そしてふたたび夫人の元へと連れて行かれ、殺されかけるが、卯奴の取り成しでまたもや命を助けられる。

　このままではいつか殺されてしまうに違いない、と考えた青年は、道士である叔父に助けを乞う。すると叔父は、青年が3匹の妖怪に取り憑かれていることを見抜き、法力で夫人らの正体を暴いて捕まえたのである。果たしてその正体は、卯奴は黒いニワトリ、老婆はカワウソ、夫人は歳を重ねた白蛇の精であった。3匹は鉄のカゴの中に封印され、湖の底へと沈められた。さらに、のちに起きるであろう祟りを抑えるために、湖の中には3本の塔が建てられたのだという。

白蛇精のモデルとなった人物

　この物語は古代中国の「四大民間伝説」とされており、そのモデルは西晋（4世紀前後）の時代に実在した淫虐の皇后、賈后であると考えられている。賈后は残虐かつ淫蕩な性格をしており、ライバルを殺すことに躊躇はなく、さらにしばしば愛人を囲っていたのだが、そのほとんどは生きて帰って来なかったのだという。
　「西湖三塔記」をモチーフとした類話はいくつか存在しており、例えば中国の怪奇短編小説集『聊斎志異』や、同じく『清平山堂話本』に同様の話が残されている。そしてこの白蛇の精は、いつしかその性格を変え、後世に残るいくつかの、いわば「白蛇伝系」とも呼ぶべき文芸作品を生み出していくのである。

男と女蛇の異類婚姻譚『白蛇伝』

　「白蛇伝系」の物語における女白蛇は、淫蕩で邪悪な人食い妖怪であった本来の姿とはまったく異なる存在である。そこでは女白蛇の精は、白娘子という名の、白衣に身を包む美しい女性という姿で描かれている。その物語はおおまかに、彼女が人間の男性を一途に愛し、男もまた彼女を愛するのだが、やがて正体を見破られ、封印されてその仲を引き裂かれてしまうという内容だ。
　白蛇伝系の物語は非常に評価が高く、また人気もあった。しかし「男性が優柔不断すぎる上に、白娘子の正体が白蛇とわかったとたんに態度を一変させる」点や「白娘子は確かに一途だが、人に化ける以外の妖術を使い嘘もつく」という点などに不満が持たれていた。さらに白娘子をひとりの女性として見て、同情する声も少なくなかった。
　そしてこの物語をテーマとした戯曲が作られると、小説や舞台などのさまざまな媒体でこの物語をモデルとした作品が作られるようになり、内容は徐々に変化していった。最終的には作家である張恨水の小説『白夫人の恋（原題：白蛇伝）』によって、ついに封印されてしまった白娘子を救い出す、という痛快な結末を迎える作品となるのだ。
　日本における白蛇伝は、日本初の長編カラーアニメ映画である『白蛇伝（1958年公開）』が知られているところであろう。こちらでは、人間の男性である許仙が幼いころに飼っていた白蛇が、数十年後に人間の姿に化け、白娘子と名乗る。彼女は許仙と愛し合うが、あるとき許仙は不慮の事故で死亡してしまう。だが許仙は白娘子のおかげで生き返り、白娘子はその献身への見返りとして人間に生まれ変わるのだ。そして無事結ばれたふたりは、ともに幸せの国へと旅立つ、という結末を迎えるのである。

東京都練馬区の案内板。アニメ映画『白蛇伝』のキャラクターが使用されている。

卯奴さんは、何回もこのイケメンさんを助けたのに、封印されてしまってかわいそうではないですか。
いくらイケメンでも、女の子に優しくしないとダメですよ？

中国の思想事典⑤ 道教と仙人

なあ三蔵様〜、仙人ってなんなんだー？
白髪のジジイばっかりいたとおもったら綺麗なねーちゃんもいるし、なにがなんだかわかんねーよ。

悟空……そういうあなたが仙人でしょう……？
仙人とは、特殊な薬や訓練で、不老不死の力を得た人のことですよ。
人間だけでなく、妖怪だって修行すれば仙人になれます。

ブヒー、でも悟空兄貴の場合、寿命が書かれた閻魔帳を塗りつぶして、仙桃を盗み食いして手に入れた不老不死ですからなあ。
ずいぶん邪道な仙人だブヒー。

なんだとー!?
このっ、八戒、もう一回言ってみろー!!

　中国の思想「道教」は、不老不死の存在「仙人」になることを目指す思想である。そもそも「道」とは「はじまりからおわりまで」という意味の漢字である。はじまりからおわりまで、すなわちこの世界の真理を解き明かすことで、肉体と精神を鍛え上げる方法を知り、それを実行して仙人になろうとするのだ。

　仙人の外見として一般的なのは、簡素な服を着て山で修行をしている、白い髭を生やした老人というところだろう。これは仙人になるための修行に長い年月がかかるとされたことから生まれた共通認識にすぎず、仙人のなかには若者の姿をとる者や、女性の仙人も少なくない。

　人間が仙人になるためには、人間の体を仙人に作り替える「丹」という物質が必要だとされている。かつて丹とは、体外から摂取する薬のようなものだと考えられており、たとえば「水銀の化合物」や「液体化した黄金」などの、特異な性質を持つ物質を服用することで仙人になれると考えられていた。これを「外丹」という。

　だが言うまでもなくこれらの物質は有毒であり、外丹を服用した「唐王朝」の皇帝が相次いで死亡したことから、精神修行や無毒な漢方薬によって体のなかに「丹」を精製しようという「内丹」という思想が主流となった。内丹は健康法として形を変え、現代にまで続いている。

道教の仙人から代表的な存在を集めた「八仙」の絵図。日本における七福神のような存在である。

貘

夢をバクッと食べちゃうぞ！

棲息地：中国、日本　出典：『和漢三才図会』（1712年　編：寺島良安）、『本草綱目』（1578年　著：李時珍）、『節序紀原』（1673年～1681年　著：釋如松）

悪夢避けに貘はいかが？

わが国日本では、貘といえば、人間の悪夢を食べてくれるという、ありがたい力を持った妖怪である。この言い伝えは室町時代から始まり、江戸時代のころには、よい初夢を見るために枕の下に宝船の図を入れて寝るという風習があったが、同時に悪夢を見ないように、図に貘の姿や文字を書いておいたそうだ。

江戸時代の浮世絵師、葛飾北斎が描いた貘の姿。鼻がゾウのように長いこと以外は、実在のバクに近い外見である。

貘は中国で生まれて日本に伝わった妖怪だが、実は中国の貘には「夢を食べる」という特徴はまったく見られない。中国の貘が食べるのは「夢」ではなく、とにかく何でも食べる。竹も食べれば蛇も食べ、更には鉄や銅などの金属まで食べてしまうのだ。そのような食生活を送っているため、当然ながら糞もカチカチに硬く、武器に使えるほどだと言われている。硬いのは糞だけではなく骨や歯、皮膚も硬いので、切ろうとしても刃物のほうが痛んでしまうし、火で焼いても傷つかないという。

日本では貘の外見をイメージするとき、実在する動物の「バク」をイメージすることが多いが、中国の貘の外見は、実際のバクとは異なる。薬学書『本草綱目』によると貘は何種類かの動物を合わせたような姿をしており、体は熊の様で、象の鼻にサイの目、牛の尾、虎の足を持ち、体色は黄白色もしくは蒼白色で、光沢と黒白のまだら模様があるという。

夢を食う貘が生まれた理由

日本において貘が「夢を食う動物」だと考えられるようになったのは、中国の貘が持っているとされた不思議な能力によるものだと思われる。中国では、貘の毛皮には病気や悪い気を避ける力があると考えられていた。そのため貘の毛皮を使った寝具や座布団、という触れ込みの品物が存在したという。また、仏教の十二神将の「莫奇」という神が夢を食べるという記述もある。これらの特徴が日本で混同された結果、夢を食べる貘という存在が生まれたと思われる。

日本人が貘を「悪夢を食べる動物」だと思った理由がわかりましたよ。この、貘を描いたお札です。「悪夢避けのお札」だそうじゃないですか。中国にこんなものがあれば、当然、だれでも勘違いしますよ。

愛と洪水ともにあふれて
比翼鳥（ひよくちょう）

棲息地：不明　出典：『山海経』（前4世紀〜3世紀　編：禹、伯益）　別名：蛮蛮

決して離れぬ愛の象徴

　比翼鳥とは体が左右いずれか、半分しかない鳥だ。体色は青と赤で、翼がひとつ、目がひとつ。そのため一匹では空を飛ぶことができない。それではどうするのかというと、二匹の比翼鳥が力を合わせて飛ぶのである。ちなみにこれとは別に、ふたつの頭に四本の足があり、片方の翼が相手の翼とくっついている姿の比翼鳥もいる。
　『博物志余』には南方に比翼鳳がおり、飛ぶ時は水も飲まず食べ物も食べず決して相手のそばを離れない。たとえ死んで生き返ったとしてもかならず一緒にいるというのだ。このようなことから比翼鳥は愛しあう恋人の象徴としても知られる。唐代の詩人、白居易の書いた漢詩『長恨歌』に比翼鳥が登場する事は有名だ。この詩では、楊貴妃が愛する夫である玄宗皇帝と別れ、やってきた道士に玄宗皇帝へ「天にあっては比翼の鳥となり　地にあっては連理の枝となろう」ということづてを託す。この言葉は、比翼の鳥は雌雄一対で翼を重ねて飛び、連理の枝は幹と根は別だが枝が合わさっていることから、どこであっても強い愛で結ばれた夫婦であろうという意味である。離れても常に一緒にいたいという強い思いを、ともに別れがたいものに例えたのだ。

災害も長寿も呼び寄せる

　一口に比翼鳥といってもいくつかの種類があるようで、中には愛を象徴するどころかとんでもない災害を引き起こしたり、不思議な力を持ったものも存在している。『山海経』では崇吾山に、目がひとつ、翼ひとつの蛮蛮鳥という比翼鳥の一種がいる。この鳥が出現すると大規模な洪水が起こり、ときには複数の地域に被害がおよぶという。10世紀の中国の伝説集『博物誌』という本にも蛮という鳥が登場するが、この鳥に乗ると千歳まで生きることができるという。人が乗れることから相当に大きな鳥のようだ。この鳥の出現は縁起のよいことで、似た名前でありながら、前述の蛮蛮鳥とは真逆の存在である。また、火を避けたり鎮めたりする力を持つ比翼鳥もいる。こちらは二羽の鳥が合体したタイプの比翼鳥で、火の災いを防ぐために、この鳥の姿を絵に描いて家や村の入り口に貼りつけておくという。
　このように、比翼鳥というのは「二羽の鳥がともに飛ぶ」という習性を持つ鳥型妖怪の総称であり、実は多くの種類の妖怪を含むカテゴリーなのである。

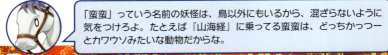

「蛮蛮」っていう名前の妖怪は、鳥以外にもいるから、混ざらないように気をつけろよ。たとえば『山海経』に乗ってる蛮蛮は、どっちかっつーとカワウソみたいな動物だからな。

illustrated by 杉村麦太

画面外はみ出し注意報
鵬（ほう）

棲息地：不明　出典：『荘子』（前369年～前286年　著：荘子）、
『続子不語』（1716年～1797年　著：袁枚）　別名：大鵬、大鵬金翅鳥

圧倒的サイズの巨鳥

　ただの動物でも巨大化すれば妖怪や神として扱われる。しかし、この鵬はスケールが違う。とにかくとてつもなく大きいのだ。中国の古典『荘子』によると、その背は泰山という大きな山のようで、翼は空をおおっている雲のようというから尋常ではない。もともとは北の海にいる鯤という魚が姿を変えたものだというが、その魚も巨大で、体長が何千里（数千km）あるかわからないという。

　鵬は海が騒ぎ出すと南の海に行くために飛び立つ習性があり、つむじ風に乗ってひと飛びで九万里も上昇するという。『続子不語』という小説によると、この鵬が羽根や糞を落とすことがあるそうだ。しかし、体長が巨大なため"落し物"も大きく、家が潰れて死者が出ることもある。なにせ、羽根一枚の長さが十軒以上の家をおおってしまうほどなのだ。そのうえ鵬は魚を食べるので、糞はとても魚臭いそうだ。日蝕という現象は、この鵬が空を飛んでいるせいで起こるとさえ言われている。

『狂歌百物語』より。あまりにも巨大なことを表現するため、羽根の一部しか描かれていない。

体だけじゃなく気も大きい

　鵬は中国でも特に知名度が高い動物で、小説などにもよく登場する。ただし外見や能力については脚色されていることも多い。

　小説『西遊記』の鵬は鳥ではなく人に近い姿をしており、空を飛ぶ時は背中から翼を生やすという妖怪だ。飛行速度は主人公の孫悟空が乗る「筋斗雲」より上で、全速力で飛んでいる孫悟空に追いついて捕まえてしまうこともできる。プライドが高く、仏教の開祖である釈迦如来にやりこめられても降参を拒否したり、3人の菩薩を相手取って戦いを挑んだこともある。

　小説『封神演義』の鵬は、上で紹介した鳥型の鵬で、名だたる勇士たちが束になって挑んでも勝てない強大な妖怪だ。体格は非常に大きく、翼を広げると日が陰り、その翼で起こした風は海水を吹き飛ばし、海底に残された魚を食い尽くすという。

> 体長数千km……ひらめきました！　そんなに大きいなら、鵬さんにクチバシでくわえていただいて、首を動かしてもらえばすぐに天竺に着けるじゃないですか。悟空、ちょっと鵬さんを呼んできなさい。

中国の思想事典⑥ 山岳信仰

中国では、みんなお山さんのことを信仰してるの！ かっこいい山がたくさんあるものね、私は悟空が閉じ込められてた華山が、真っ白な山頂がオシャレで素敵だと思うな〜♪

古来より人類は、壮大な山々を神の住む地として信仰の対象にしていた。中国では、「道教」という思想が、霊地だと定めている5つの代表的な山を「五岳」と呼んで信仰の対象にしている。

五岳はそれぞれ標高1300mから2000m程度の山々である。五岳は右にあげるように、中国の都「洛陽」を中心に、東西南北と中央の5方位に対応しており、それぞれに対応した偉大な仙人が設定され、道教信仰の拠点になっているのだ。

中国の五岳とその位置

恒山／華山／泰山／嵩山／衡山

道教の最高聖地『泰山』

五岳のなかでもっとも地位が高く、重要な山だとされているのは、五岳のうち東部にある「泰山」という山だ。この山は人間の病や寿命を監督する神「泰山府君」に統治されており、仏教の聖地である普陀山と並んで中国国内での人気を二分している霊山である。

道教の教えでは、泰山の地下には死者の暮らす冥界が存在すると考えられていた。

泰山の参道にある南天門。泰山はその宗教的価値と風光明媚さなどから、世界遺産のひとつに指定されている。

架空の霊山『蓬莱山』

中国最古の地理書『山海経』によれば、泰山よりさらに東、朝鮮半島に向かって突き出した山東半島沖の海中には、「蓬莱山」という霊山があるという。別の資料によれば、蓬莱山は海岸から目で見ることができる距離にある島だが、船に乗っても決してたどり着けないという。

実はこの蓬莱山伝説は、光の屈折で幻像が見える現象「蜃気楼」によって起こる現象である。山東省の海岸部は蜃気楼の名所であり、気象条件によっては海上に朝鮮半島の山が映り、海面に浮かぶ島のように見えるのである。

霊獣とは、神聖な力を持った動物のことです。中国での霊獣は「すぐれた帝王の誕生にあわせて出現する」と信じられていたため、霊獣の出現は最大の関心事のひとつでした。この章では霊獣として知られる9組を紹介します。

鳳凰（ほうおう）

なあ三蔵様〜、竹って天竺にも生えてんの？
なんか遠くに旅してるのに、めっちゃ見慣れた風景っていうか（ゴロン）
ん？　なんだこりゃ？

（竹林のなかから地面に転がって）
た、たべもの……。

し、死んでるー！？

"霊獣"ってなんだ?
捲簾大将? "沙悟浄" 登場?

> もぐもぐもぐ、ゴキュゴキュ……。
> **ぷ、ぷはー!!**
> 助かった……ひさしぶりに食べ物を食べました……。

> おう、体ちっこいのによく食べるじゃん!
> 腹減ってただけでよかったぜ! 怪我してたら大変だもんな。

> あの……助けてくれてありがとうございます。
> ところで、こ、ここはどこですか?
> 見慣れない風景ばっかりで……。

> ブヒ、ここですか? ここは中国の東側、山東省でございますねぇ。
> ううーむ不思議でございます、天竺へ向かうために、まずは都から西を目指したはずなのですが……。

> ええっ!? 中国!? そんな、ボクは遠野の竹林にいたはずなのに……。
> あっ! そうだ、みなさん、あらためて助けてくれてありがとうございました。ボクは東の「日本」っていう国に住んでいた遠野の河童で……。

> いえいえ、いいのですよ、**悟浄**。
> さあ、沙悟浄が加わってお供も充実しました。急ぎ天竺へまいりましょう。すばらしいカレーが待っていますよ。

> あ、あの……悟浄ってなんのことですか?
> ボクは日本の遠野ってところに住んでた河童で、沙悟浄なんていう名前は聞いたこともないんですけど……。

> あー、気にすんな!
> 三蔵様って頑固だからな、
> 言ってもしょうがねーよ。
> それよりこれからオレたちと
> 天竺行きだぜ、よろしくな、
> 悟浄!

霊獣は"よき帝王"とともにあらわれる

悟浄、いいですか？ 霊獣とは神聖な動物のことです。この世にすばらしい王様があらわれたとき、それを喜んで地上にあらわれるのです。もし出会うことができたら、敬意を払うのですよ。

　霊獣とは、別名を「瑞獣(ずいじゅう)」ともいいます。この「瑞」とは、中国の民にとって"めでたいこと"という意味です。

　つまり瑞獣とは、中国にすぐれた支配者が登場した、またはこの世に生を受けたとき、そのめでたい事実を知らせるためにこの世にあらわれる動物なのです。

えっと……
だいたいわかりました。
妖怪なのに、
なんだかとっても、
おめでたい生き物
なんですね。

学者が政治に意見する道具

ま、実際どんだけの霊獣が「ほんとに出現した」かどうかはかなーりアヤシイと俺はにらんでるけどな。霊獣ってよ、学者連中が皇帝の政治にイチャモンつけるのにすげえ都合がいいんだよ。

　中国の王朝は「儒教(じゅきょう)」の論理によって、皇帝の政治が「良い統治」なのか「悪い統治」なのかを評価されていました。

　皇帝が政治を行うと、学者たちはその政治が儒教の論理にかなっているかどうかを判断します。

　儒教的に悪い政治が行われている場合、学者は「わが国を天災が襲っているのは、皇帝の徳がないからだ」と皇帝を批判します。

　儒教的によい政治が行われていると、学者たちは霊獣の出現を報告して「皇帝がよい政治をしているので、霊獣があらわれたのです」と言って皇帝の政治をほめるのです。

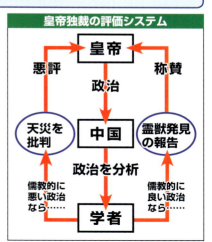

皇帝独裁の評価システム

東の空は龍が守る！
青龍(せいりゅう)

棲息地：中国東部　出典：『楚辞』（前4～前3世紀　著：屈原）、
『礼記』（51年　編：戴聖）など　別名：青竜、蒼龍

東方を守る青い龍

　中国の神話に登場する伝説の生物といえば、真っ先に思い浮かぶのは「龍」だろう。この青龍は、数ある龍のなかでも特別な存在で、中国の都を中心に世界を東西南北に4つに分けたうちの、東側を守護する霊獣である。中国ではこのように、東西南北4つの方位を守護する霊獣のことを「四神(しん)」（→p94）と呼んでいる。

清時代（19世紀）の中国の国旗には、青龍と思われる意匠の龍が使われていた。

　青龍の外見は、文字どおり青い龍として描かれることが多い。ただし中国では、「青」の字には植物の葉の色という意味もある。つまり本来の青龍は、英語でいうところの「ブルー」ではなく、「グリーン」に近い色だった可能性もある。

青龍のできるまで

　青龍の成立は非常に古い。少なくとも2000年ほど前に、当時の中国を統治していた「漢(かん)王朝」の時代の文献『礼記(らいき)』には青龍についての記述がある。この本は、現代から3600年ほど前に成立した「周(しゅう)王朝」以降の、儒教(じゅきょう)という思想に関する文献をまとめたものであるため、青龍は少なくとも2000年、場合によっては3000年以上の歴史を持つ霊獣ということになる。だがその由緒正しさや知名度と比較して、青龍の活躍をくわしく語る文献は少ない。これは青龍が物語の主役ではなく、学問の理論のなかで生まれた存在だからだ。青龍たち「四神」は、天文学で作られた存在であり、なかでも青龍は中国の「二十八宿(にじゅうはっしゅく)」という星座のうち、東にある7つの星座をつないだ形を「舌を伸ばした龍」の姿に見たてて作られた。

　中国の思想「五行(ごぎょう)思想」では、この世のすべてが「木火土金水」の5つの元素の組み合わせでできていると考えており、青龍は五行のうち「木行」に相当する存在だと定められている。中国の龍はおおむね水をあやつり雨を降らせる能力を持っているため、水行に相当するのが的確ではないかとも思えるが、木行は「雷と風」の元素であるため、空を飛び雷雲を呼ぶにはこちらのほうが適しているのだ。

日本の「高松塚古墳」にも四神の壁画が描かれてます。
この壁画だと、青龍は緑色でした。
やっぱり昔の「青」って、緑色のことなんですね。

illustrated by 天領寺セナ

重い亀なのに軽い扱い
玄武（げんぶ）

棲息地：中国北部　出典：『楚辞』（前4世紀〜前3世紀　著：屈原）、『淮南子』（前2世紀　著：劉安）、『史記』（前1世紀　著：司馬遷）など　別名：玄天上帝、真武

北方を守る亀蛇

　76ページで紹介した青龍は「四神」と呼ばれる4体の霊獣の一員である。本書ではこの四神のなかからもう1体、玄武という霊獣を紹介しよう。

　玄武とは、色が黒い亀に似た姿を持ち、尻尾のかわりに蛇が生えているのが特徴の霊獣である。この霊獣は、紀元前4〜紀元3世紀にかけて成立した『楚辞』の5巻「遠遊」で、歴史上はじめて文献に登場する。それによれば、玄武の「玄」とは黒のことで、これは北方を支配する色であり、「武」とは亀の硬い甲羅が、武器のように災いから身を守ることを指すという。だがこのときの玄武は正体不明の存在であり、なぜこのような霊獣が想像されたのか、明確な理由は明らかになっていないが、「亀と蛇が交わって玄武になる」という考え方もあったようだ。

　49ページで紹介したとおり、中国では東西南北の4方位および中央の、合計5方位に、中国の思想「五行説」にもとづく元素が割り当てられている。北方の元素は「水」であり、水行のイメージカラーは黒である。水生生物である亀が、黒い体色となって北方の四神として君臨しているのには、そういった事情があるのだ。

はっきりしない玄武の由来

　中国には「四神」のほかに「四霊」（➡p109）という4体の霊獣がいる。四霊の内訳は「龍、虎、鳳凰（➡p80）、亀」というものだ。

　だがそれと同時期である、紀元前2世紀ごろに作られたという「馬山1号墓」から発掘された絹織物の刺繍には、龍、虎、鳳凰の姿があるものの、亀らしきものが見当たらない。このように、歴史は古いが新しい時代に定着したものであるがために、玄武の正体はあいまいであり、よくわからないことが多い存在なのである。

　玄武が亀、または亀と蛇（龍）の姿をとると考えられるようになり、現在に至った要因としては、天の二十八宿で玄武の支配する北方のうち、ペガスス座とアンドロメダ座の星を結んだ、いわゆる「ペガススの大四辺形」の存在が大きい。この大四辺形は中国で「営室」または「定」と呼ばれており、五行思想で北を支配するのは水である。そこから大四辺形たる営室には水がたたえられており、そこには水神としての亀がいる、というイメージが定着していったのであろう。

「四神」ののこり2体は、西の白虎と南の朱雀だな。
どっちも94ページで紹介してるから、4体全部知っておかないと落ち着かないヤツは読んでこいよ〜。

すごい帝王さんを待ってます
鳳凰（ほうおう）

棲息地：中国南部　出典：『山海経』（前4世紀〜3世紀）　編：禹、伯益）、『本草綱目』（1578年　著：李時珍）、『列仙伝』（2世紀?　編：劉向?）など　別名：玄鳥、朱雀など多数

5色に彩られた霊鳥

鳳凰は中国の伝説的生物のなかでも知名度の高い存在だが、鳳凰と聞いてどのような姿を思い浮かべるだろうか？クジャクのような華やかな尻尾を思い浮かべた人が多いかもしれないが、答えは1万円札の裏側にある。ここに描かれている鳳凰は、京都の「平等院鳳凰堂（びょうどういんほうおうどう）」の屋根に飾られているもので、平安時代に日本で信じられていた鳳凰の外見にいちばん近いものだといえる。

中国の旧王宮、紫禁城に置かれている鳳凰像。撮影：Shizhao

中国では、鳳凰はさまざまな姿で描かれたが、有名なのは古代の百科事典『山海経（せんがいきょう）』の記述で、「姿形はニワトリのようで、五采（ごさい）に彩られた羽を持つ」としている。五采とは「青、白、赤、黒、黄」の5色のことで、全部そろうと縁起がよいとされる色である。また『山海経』では、頭には徳、翼は義、背は礼、胸は仁、腹は信を意味する模様があるとも書いている。ここであげた「徳、義、礼、仁、信」とは、中国の思想「儒教（じゅきょう）」が教える「徳（よい行動）」（➡p29）の種類であり、鳳凰はその存在そのものが、めでたく喜ばしいものとして定義されているのである。

鳳凰は、帝王がすぐれた統治をしているときに出現する「瑞獣（ずいじゅう）」である。生臭い話だが、時の帝王がよい政治をしているのかどうかを決めるのは儒学者であり、鳳凰は儒学者が帝王の政治をほめるために創造した架空の生き物だと思われる。それゆえ鳳凰にはわざとらしいほどに「おめでたい」要素が詰め込まれているのだ。

鳳凰の姿を定着させたもの

中国文学者である中野美代子（なかのみよこ）によれば、鳳凰はかなり古い時代からその存在が伝えられていたのだが、その姿は単純に「とても立派な鳥」というのみで、具体的なイメージはほとんど伝わっていなかったのだという。だが『山海経』の「五采に彩られた華麗な鳥」という記述が、後世で美しい羽根を扇子のように広げるクジャクの姿と結び付き、さらに四霊（➡p109）の朱雀（すざく）とも同一視された結果、現在に伝わるような美しい姿をした鳥、というイメージが定着したのであろう、と中野は推測している。

うんめー！　宮廷のメシはメニューがたくさんで食べきれねーな！なんか赤とか緑とかいろんな色の料理があるけど、これも「五采」ってやつを守るためらしいぜ。うまけりゃなんでもいいけどな！

甲羅を背負って1万年
霊亀(れいき)

棲息地：山東半島沖（中国東部）　出典：『述異記』（5世紀～6世紀　編：任昉）など　別名：神亀

長寿の亀が変じる"四霊"

　亀は古くから長寿な生物として敬意を集めており、長生きすると特別な力を身につけるともいう。千年生きた亀は「人間と話すことができる（20世紀中国の作家、魯迅の『古小説鉤沈(こしょうせつこうちん)』）」、「毛が生える（5世紀の怪奇物語集『述異記(じゅついき)』）」、「甲羅を焼いて粉末にして飲めば寿命が1000歳になる（4世紀の道教の理論書『抱朴子(ほうぼくし)』）」などとされる。また、亀が年齢を重ねると呼び名も変わり、『述異記』によれば、5000歳になった亀は「神亀(しんき)」、1万歳の亀は「霊亀(れいき)」と呼ばれるのだ。

　亀の究極体とも呼ぶべき霊亀は、すぐれた帝王があらわれたときに出現する「瑞獣(ずいじゅう)」のなかでも特に格が高い4体の瑞獣「四霊（➡p109）」のひとつであり、治水の才能を持った帝王が生まれたときに出現する。その甲羅には水の流れ道が刻まれており、治水工事の参考になるといわれている。また、霊亀には物事の吉兆を判断する能力が備わっている、とする文献もある。

背中に山を乗せた亀

　霊亀は、薄墨を使って描く「山水画(さんすいが)」で見られるような、切り立った山を背中に乗せた姿で描かれることが多い。この山は72ページでも紹介した「蓬莱山(ほうらいさん)」といって、中国でもっとも有名な「仙人が住む山」なのである。

　蓬莱山は、中国大陸から朝鮮半島に向かって鋭く突きだした「山東半島」の北側にある海「渤海(ぼっかい)」に浮かぶ島として知られているが、蓬莱山が霊亀の背中にあると考える伝説を採用するなら、霊亀は渤海の海中に沈んでいることになる。蓬莱山は山東半島の海岸から肉眼で見ることができるくらいの近い位置にあるのだが、その様子はゆらゆらと揺らめいていて定かでない。そして船で近づこうとすると風が吹いて引き戻され、決して行き着くことができないそうだ。だが、かつてそこにたどり着いた者の証言によると、蓬莱山は金銀の宮殿に真っ白な生き物が住むすばらしい世界だという。

　亀の背中に山が乗っているというのはインド仏教でも見られる設定であり、アジアにおいては比較的よく知られた表現手法である。中国では蓬莱山だけでなく、仙人が住む聖なる山「五神山(ごしんざん)」のすべてが亀の頭の上に乗っているという伝説もあり、亀が地形を支えるという概念の幅広さを感じさせる。

四霊には、鳳凰と霊亀のほかに、麒麟と応龍というのがいるのです。麒麟には84ページで、応龍には109ページで会いに行けますから、気になった人は読んでくださいね。

抜き足差し足、踏まないように！
麒麟

棲息地：不明　出典：『説苑』（前77年〜前6年　編：劉向）、
『後西遊記』（17世紀〜20世紀　著：不明）など　別名：四霊

動物園の「キリン」の元に

「キリン」と聞いて、現代の日本人が真っ先にイメージするのは、長い首を持ち、体に網目状の模様を持つ、動物園の人気者であろう。だがのこの動物の英語名は「ジラフ（Giraffe）」であり、この動物を「キリン」と呼んでいるのは、中国や、中国の文化の影響を強く受けている国だけだ。中国や日本でジラフのことを「キリン」と呼ぶのは、15世紀中国の名艦長「鄭和」が、アフリカからジラフを持ち帰ったときに「この動物は霊獣"麒麟"である」として皇帝に献上したからだ。

1609年ごろ、中国の百科事典『三才図会』に描かれた麒麟の姿。

中国の霊獣「麒麟」は、鹿のような体に、牛の尻尾と馬の蹄を生やし、背中の毛が五色に輝いている動物だ。頭部は丸っこい形状で、額からは肉に包まれた1本の角が生えているという。近年では、「皮膚が鱗に覆われ、全身に炎をまとっている」という特徴も追加された。

殺生を嫌う慈悲深い霊獣

麒麟は、時の帝王がよい政治を行ったときに出現する「瑞獣」であり、4種類の代表的な瑞獣を意味する「四霊」（→p109）のひとつに数えられる。きわめて慈悲深い性格であり、足を降ろすときには注意深く土を選んで足を降ろし、決して草を踏まない。これは麒麟が、地面にいる虫を踏み潰してしまわないよう、そして草を踏んで死なせないよう、細心の注意を払っているためだ。また角が肉に包まれているのは「武力は持つが行使はしない」という意思のあらわれなのだという。

慈悲深さに加えて几帳面さも持ち合わせており、歩くときには体が決してぶれず、常に真っ正面に向かって移動し、曲がるときは直角に曲がり、平坦な場所でだけ立ち止まるという。また、群れることはなく、かならず1体だけで暮らしているそうだ。

日本では、麒麟の名前は優れたものの代名詞としても使われており、めざましい才能を発揮する若者のことを指す「麒麟児」という言葉などに今も名を残している。

ぶっひっひ、やっぱりキリンといえばビールですねえ！　あのラベルに描いてある麒麟の絵は、中国でもいちばんよくあるタイプの麒麟ですから、よく見ておくと良いですよ。それでは、乾杯〜！

いいも悪いもこの目でわかる！
獬豸（かいち）

棲息地：不明　出典：『論衡』（2世紀　著：王充）、『述異記』（5世紀～6世紀　編：任昉）など
別名：解廌、觟𧣾、任法獣

善悪を見分ける道徳的神獣

　人間が人間を裁くというのは非常に難しい。誤認逮捕、嘘の証言、冤罪に時効など、司法をめぐる状況は困難さを増している。もしもこの獬豸という霊獣が実在するなら、司法関係者の悩みは消えてなくなることだろう。なぜなら獬豸は、生まれながらにして真実と嘘、善と悪を見分ける力を持っており、特に裁判ではかならず正しい判決を下すといわれているからだ。

　1世紀の思想書『論衡』によれば獬豸は、体格が大きいものは牛、小さいものは羊に似ているという。全身が濃くて黒い体毛で覆われていることと、頭の真ん中に1本の長い角を持っているのが特徴である。ただし別の資料では、熊や山羊に似ている、体の毛は青いとする場合もある。また近年では、龍のような2本の角と鱗を持った姿で表現することも多い。どの場合も共通しているのは、獬豸は四つ足の獣であり、額に長い角が生えていることだ。

　獬豸は、争いごとや裁判がある場所にあらわれたり、人間によって連れてこられると、一瞬にしてどちらの言い分が正しいか、どちらが悪人であるかを見抜く。そして間違っているほうの者に近づくと、その角で相手に触れるのだ。通常ならば相手に触れるだけだが、裁判で嘘をつこうとする者、嘘の告発をたくらむ者があらわれると、その者に走り寄って角で突き刺してしまうという。

司法施設のシンボルとして

　正義と法の擁護者という側面を持つ獬豸は、中国において「司法及び裁判の公正さ」のシンボルとなっている。11世紀前後の宋王朝で司法を担当した「法官」が被る冠には、木で彫られた緑色の獬豸の角が付けられていた。また17世紀に成立した「清」王朝の役人の服には、獬豸の刺繍がほどこされていた。現代でも、中国や台湾の司法関係の建物には、獬豸の像が置かれることが多い。

台湾の景美人権文化園区（人権蹂躙の歴史を学ぶ博物園）に展示されている獬豸像。

罪人の裁きを聖なる動物に任せるという文化は世界中に見られます。どの文化でも、重大な罪を犯した罪人にはキツイおしおきが……はっ、ひらめきました！

似ているようで似ていない
四不像

出身地：玉虚宮　出典：『封神演義』（14世紀～17世紀）　編：許仲琳　別名：四不相

姜子牙の乗る空飛ぶ霊獣

　中国の神話や物語では、偉大な神や仙人が、自分の足で長距離を歩くことは少ない。彼らは遠い国から国までをあっというまに移動する、すぐれた移動手段を持っていることがほとんどだ。龍に車を引かせる神がいたかと思えば、天駆ける馬に乗る仙人もいる。中国の小説『封神演義』の主人公である道士"太公望"の場合は、四不像という不思議な動物を乗り物としている。「シフゾウ」ではなく「スープーシャン」という中国語読みでピンと来る方も多いのではないだろうか。

　四不像とは、「肉体の各部位が4種類の生物に似ているが、全体的に見るとどの生物にも似ていない」という、不思議な外見からつけられた名前である。一般的に「顔はラクダ、角は鹿、尻尾はロバ、蹄は牛に似ているが、どれにも似ていない」とされるが、『封神演義』の場合、四不像は「頭は麒麟（➡p84）、体は龍、尻尾は"獬豸"（➡p86）という神獣に似ている」という。"四"不像なのに、似ている神獣が3種類しか定義されていないのが不思議なところだ。

　『封神演義』での四不像は、主人公"太公望"こと姜子牙が、師匠である元始天尊から、いくつかの武器とともに授かったものである。火を吐くなどの特別な能力は持っていないが、乗り物としては非常に高い能力を持っており、ほかの霊獣を振り切れるほどの高速で空を飛べるほか、ひそかに斥候役をこなす賢さも持ち合わせている、太公望の相棒と呼ぶべき補佐役である。

実在しているシフゾウ

　"シフゾウ"は架空の霊獣ではない。同じ名前の実在する動物がいるのだ。実在するシフゾウの姿は「角が鹿、身体はロバ、尾が牛、**頭は馬に似ている**と、伝承の四不像に非常に近い。原産地は中国北部の沼地であり、中国人にも古くから知られていたはずだが、実在するシフゾウを見て霊獣としての「四不像」を想像したのか、伝承の四不像に似ているから動物を「シフゾウ」と名付けたのかは定かでない。

シフゾウの写真。撮影：Lilly M

いま世界に住んでるシフゾウさんって、イギリスの公爵様が飼ってた、たった50頭のシフゾウさん家族の子孫なんだそうです。野生のシフゾウさんは絶滅しちゃったそうで……残念です。

恒山の鬼神妖怪博士サマ！
白澤
はくたく

棲息地：山西省（中国東部）　出典：中国神話、『抱朴子』（317年　著：葛洪）、
『西遊記』（16世紀　編：呉承恩?）ほか　別称：白沢

黄帝が教えを請うた聖獣

　白澤は、徳の高い帝王の前にあらわれる霊獣である。古代中国の百科事典『三才図会』の解説によれば、外見は唐獅子（巻き毛を持つ想像上の動物）や狛犬（獅子や犬に似た日本の想像上の動物）に近く、角の生えていない麒麟（→p84）のような外見でもある。人間の言葉をあやつり、帝王に助言を授けるともいう。

　古代中国を統治した8人の帝王のひとりで、すべての中国民族の祖として現在もあがめられている「黄帝」という帝王も、この白澤から忠告を受けて中国を統治したという。黄帝が「崑崙山」という神聖な山の東にある「恒山」（山西省渾源県）へ出かけたとき、黄帝は海辺でたまたま白澤に遭遇した。白澤は黄帝に対して、世の中に存在する数々の「鬼神妖怪」の解説を、いっさいの曖昧さを廃して明瞭に語りはじめた。

『三才図会』に描かれた白澤。

天地の万物、鬼神や妖怪も管理したいと考えていた黄帝は、すぐさま絵の上手な部下に命じ、白澤から1万1520種もの鬼神妖怪を聞き出し、すべてを絵に描き起こさせた上で、丁寧な注釈を書き入れたのだ。これによって黄帝は、妖怪族の管理をたやすく行えるようになったという。黄帝が作らせた『鬼神妖怪図』、通称『白澤図』は現存せず、実在したかどうかも定かではないが、後世の術者によって『白澤図』を名乗る文書がよく使われ、妖怪の正体を暴くのに利用されたという。

現在の白澤像と妖怪画

　先述した『三才図会』における白澤は、鼻先が長い龍にも似た顔に、ふさふさの尻尾を持つ姿で描かれている。だが現代日本では「牛のような身体に牛の角、下アゴにヤギのヒゲ、ふたつの目のほか額にも瞳が開き、さらに胴体の左と右にそれぞれ3つの目がある9眼」という姿で知られている。これは江戸時代の妖怪画家、鳥山石燕が画集『今昔百鬼拾遺』で描いたデザインが、日本で定着したものである。

悟空、白澤の絵を描いたものを身につけておきなさい。白澤の絵は強力な魔除けですから、仙人を目指す者の必需品なのですよ。イタズラ心に「魔が差す」ことも防いでくれるでしょう。

illustrated by かんとり

食べても出せずにおなかがパンパン
貔貅(ひきゅう)

棲息地：四川省（中国南西部）　出典：『史記』（前1世紀）　著：司馬遷　別名：豼貅、避邪、天禄

軍難の守護神として誕生

　貔貅とは、虎または熊に似た外見の生物であり、右の写真のような虎とも熊ともつかない体に、両肩のところから短い翼が生えた姿で描かれる。雲や霧に乗ったり、雷をあやつり、雨を晴天に変える神通力を持っているとされる。一説に「貔がオス、貅がメスである」と紹介されることもある。

　貔貅は中国最古の歴史書『史記』に、神からはじめて世界の支配権を授かった帝王「黄帝(こうてい)」が、この貔貅を飼育することで軍備と国力を向上させたという記述にその名が登場する。古くから「避邪」の別名でも呼ばれて"邪悪を避ける動物"だとされており、『三国志』で有名な三国時代（西暦200年前後）には、軍隊の旗の意匠に使われていたという記述が残っている。

上海博物館収蔵の木彫りの貔貅。別名である「避邪(ひじゃ)」の名前で展示されている。

財貨をため込む霊獣

　由緒正しい霊獣でありながらいまいち有名ではなかった貔貅は、その後、ある伝説の影響で人気のアクセサリーとなる。その伝説とは、貔貅の失敗を語ったものだ。

　それによると、貔貅が天の掟を破ったため、天上世界の最高神である玉皇上帝(ぎょくこうじょうてい)は、貔貅に「食べてもよいが、排泄してはならない」という罰を与えたという。これによって貔貅は、あらゆるものを溜め込む性質を与えられ、結果として**財産や幸運を食べてため込む**霊獣と見られるようになった。もともと貔貅という文字には「財を招き、宝を集める」という意味があり、朝廷の財政を守るために、宝石で彫刻された貔貅の像が財政部門の門前に置かれていた。その理由が伝説を通じて、一般にもわずかながら知られるようになったのである。

　貔貅は皇帝の財産を守る霊獣であるため、貔貅の像を私有するとそれだけで「盗みの罪」で逮捕される決まりだった。だが朝廷の官吏や地方の富豪は、犯罪になる恐れがあるにもかかわらず、こぞって宝石製の貔貅を隠し持ったといわれている。

食べてもよいが出してはならない、なんと恐ろしい罰でしょうか……。
はっ、そうです。八戒への次の罰はこれにしましょう。何をやっても堪えている様子がありませんが、この罰なら効くに違いありません。

illustrated by 鍵山/Clave

中国の霊獣「四神」

「四神」は、中国の四方を守ってる霊獣のことだ。ちなみに俺のオヤジの西海龍王は、東を守ってる「青龍」こと東海龍王のライバルなんだぜ。

　中国では、この世界を支配する神々が住まう地を「天」と考え、天の四方向に、外的から天を守る霊獣がいると考えている。この霊獣が「四神」である。
　四神の発祥は天文学にある。中国の天文学では、星が輝く夜空を東西南北の４方向で分割し、そこにある星をひとつの星座だと考えた。こうして、北の空には蛇の尻尾を持つ亀、東の空には龍、南の空には鳥、西の空には虎の星座が描かれ、それらが天の四方を守る霊獣ということになったのだ。

"四神"と、守護する方位

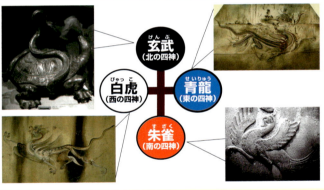

玄武（北の四神）
白虎（西の四神）
青龍（東の四神）
朱雀（南の四神）

白虎

　西方を守護する四神。五行という元素（→p49）のなかでは金属の「金行」に対応する。外見は白い虎だとされるが、上の写真にあるとおり四神としての白虎は、虎というよりは龍や麒麟（→p84）のような、首が長い体型の霊獣として描かれることが多いようだ。

朱雀

　南方を守護する四神。外見は赤い羽を持つ鳥である。南方の鳥系の霊獣ということで、しばしば鳳凰（→p80）と混同される。
　赤い体色は五行説の「火行」に対応し、それゆえに朱雀は、炎をまとった鳥という姿で描かれることもある。

中国の神話に登場する神のなかには、人間と似たような見た目で描かれる神もいますが、異形の外見で描かれる神も少なくありません。このような神のことを、本書では神仙と妖怪をひとまとめにした言葉「神怪」と呼ぶことにします。

神怪(しんかい)

Illustrated by 白雪バンビ

女媧(じょか)

……あの……、三蔵様?
……ここ、どこですか?
(周囲をキョロキョロと見回しながら)

ふむ、この神々しい光と清浄な空気……。
間違いないでしょう。ここは神々の住む「天」に違いありません。
思いもよらないところにたどり着いてしまったようですね。

**着いちゃったようですねえ、じゃねーよ!
なんで道に迷って神様の世界に行っちゃうんだよー!**

この変な生き物は今でも西にいるのです
渾沌（こんとん）

棲息地：崑崙山西方　出典：『山海経』（前4世紀～3世紀）　編：禹、伯益）、『荘子』（前4～前3世紀）　著：荘子）など　別名：混沌

いつもどこかにいた、わけの分からない何か

　渾沌、または混沌とも書くこの怪物は、いつどこで何をしているのか、そもそも何者なのかがまったくわからない野獣のような存在である。外見もその名に負けず劣らずの奇妙なもので、犬のようで毛は長く、熊のような足をしているが爪はなく、目はあるが見えず、耳はあるが聞こえず、歩いても前に進めないのだという。

　この奇妙な存在は、天地のあいだが整い、世の中が落ち着いて来たころには、仙人の住まう伝説の山「崑崙山」の西にいた、と伝えられている。また渾沌は、4柱の悪神「四凶」のひとつにあげられており、善人または弱い者には体当たりし、悪人あるいは強い者には擦り寄るという。ただし、それ以上明確な悪事をはたらいたなどの記述は見られず、自分の尻尾をくわえてグルグルとその場を回る、天を仰いで笑うなどの、奇妙な習性が説明されているのみである。

渾沌の親「帝江（ていこう）」も混沌とした生物

　中国最古の地理書『山海経（せんがいきょう）』によれば、渾沌は「帝鴻氏（ていこうし）のやくざ息子」なのだという。だが『山海経』に描かれている帝鴻氏は、太った丸い豚のような肉塊から2対4枚の羽根が生えており、足は6本あるが、頭はおろか目や鼻、口も耳もないという、息子の渾沌に匹敵する異様な姿をしている。ある意味この親にしてこの子ありと言えるのかもしれないが、実はこの帝鴻氏は、最高神である天帝のひとりだとも、神話上はじめて中国を統治した人間「黄帝（こうてい）」と同じ存在であるともいい、その名のとおり存在や伝承のすべてが"混沌"としたものになっている。

「山海経挿図」より、渾沌の父親、帝鴻氏（帝江）の図。

　未確認生物にくわしいノンフィクションライターである実吉達郎（さねよしたつお）は、渾沌の出自について「税金取りの外部的暴力である皇帝などいないほうがよい、という、古代中国の人々の漠然とした意識が創りだしたものであろう」という説を提唱している。

中国の古い帝王様が、目も口も鼻も耳もないのは不便だろうって、渾沌さんの顔に穴を開けてあげたら、渾沌さんはすぐ死んでしまったそうです。顔に7回穴を開けるのって、神様にとっては親切なんですか……？

弱者を狙って財貨をため込む
饕餮（とうてつ）

棲息地：不明　出典：『呂氏春秋』（前239年　編：呂不韋）、
『山海経』（前4世紀～3世紀　編：禹、伯益）

その実体は非常にあやふや

　たくさんの毛が生えた人間の身体で、頭には豕を戴くという奇妙な姿。性格はケチで欲張り。強い者や集団でいる者を恐れ決して近寄らず、味方のいない弱い者だけを狙って襲い、奪い盗った財貨（穀物という説もあり）をため込んでいる。饕餮は中国神話上の君主のひとり、舜帝に四方へと流された4柱の悪神「四凶」に数えられている中でも、特に卑怯でいやらしい性格をした存在である。
　これだけの悪辣な存在ならば、中国最古の地理書であり、妖怪事典でもある『山海経』に、数多くの妖怪と同じように原型が求められるはずだ。ところが、山海経には饕餮に似たような存在どころか、その名前さえ記されていない。ただし山海経が成立したのち、それに解説を付け加えた4世紀の文学者・郭璞は、狍鴞の項目に「人間の頭に身体は羊、目が脇の下に開いており、虎の歯に人の爪、赤子のような声で鳴き、人を取って喰らうこの狍鴞は、饕餮と同じ存在である」と注釈を付けている。

青銅器に彫られた手掛かり

　それでは饕餮とは、一体どのような存在であったのだろうか。実在が確認されている中国最古の王朝「殷」の時代前後に作られた青銅器の一部には「饕餮文」と呼ばれる、奇妙な文様が彫られている。これについては紀元前3世紀の雑学書『呂氏春秋』に「殷前後の青銅器には饕餮という、首だけの怪物がよく見られる。これは人間を食らうが、被害者は飲み込まれる前に饕餮の毒で死ぬ」という解説が記されている。少なくとも人に害をなす化け物、ということには間違いがないようだ。

青銅器に彫られた饕餮文。目、角、牙、耳のある顔のように見える。写真：Yongxinge

　中国の歴史学者である袁珂は、饕餮文について「饕餮と蚩尤（➡p106）は同じ存在、という伝承がある。饕餮文はそれを青銅器に刻むことで、代々の皇帝たちが、蚩尤のような反逆者への警戒を怠らないよう戒めたものだろう」と解説している。

饕餮っていう名前の、饕っていう字も、餮っていう字も、どっちも「むさぼる」っていう意味なんだってよ。
とにかくすんげー食いしん坊ってことだな！

設定チェンジで善⇔悪チェンジ！
窮奇（きゅうき）

棲息地：不明　出典：『山海経』（前4世紀〜3世紀）　編：禹、伯益　別名：かまいたち

翼を得た虎は邪悪な怪物に

　もともとは伝承伝説にありがちな存在であったものが、後世の人々によって姿形から性格、属性まで大きく変化させられた妖怪、それが窮奇である。中国最古の地理書『山海経』によれば、窮奇はある山の頂上に棲む怪物で、牛のような身体にハリネズミの毛を生やし、犬のような声で吠え、人を頭から食らうのだという。

　だが窮奇は、『山海経』が完成した3世紀を過ぎると、「虎に似た身体に、一対の羽根が生えている」という姿に変化する。もともとは牛のような身体であったはずの窮奇は、まさしく「虎に翼」へと進化したのだ。さらに時代が先へ進むと、数々の文人たちが「翼の生えた虎が、ただの怪物であるわけがない、人を食う程度では足りない」と考えたのだろうか、次々に設定が付け加えられていくのである。

　『山海経』からあとに書かれた書物での窮奇は、人が喧嘩をしているところに出くわすと正しい方を殺して食べてしまう、誠実な人を見つけると鼻を噛みちぎる、邪悪な人には獣を捕まえてきてそれを贈る、などという、4柱の悪神「四凶」の名にふさわしい、元の姿からは想像もつかないほどの邪悪な存在へと変化している。

　だがその一方で、中国の思想書『淮南子』での窮奇は、北風を起こす風神とされており、さらに王宮の厄払いの儀式「大儺」における窮奇は、悪を食い滅ぼす存在である。いずれにせよ、『山海経』とも後世の伝承とも異なる姿で伝えられている。

妖怪画家の奇妙な勘違い

　窮奇は『山海経』とともに日本へと伝わっており、その姿は江戸時代の妖怪画家、鳥山石燕による妖怪画集『画図百鬼夜行』に見られる。だが、その中で「窮奇」という漢字には「かまいたち」というふりがなが付けられており、さらにここまで紹介してきたような姿ではなく、つむじ風のような姿が描かれている。今となってはどのような勘違いがあったのかを窺い知ることもできないが、人間の皮膚を裂く妖怪であるカマイタチを窮奇とをこじつけるのは、どうにも無理が感じられる。

『山海経存』より「窮奇」。『山海経』で解説されている本来の姿だ。

窮奇は、中国では風の神ともみなされておりました。日本人は、窮奇に近い存在が日本にいないので、「邪悪＋風神」という要素が似ているカマイタチを、窮奇という漢字にあてたようですねぇ。

いつでも天下を狙ってる！
共工(きょうこう)

棲息地：不明　出典：『淮南子』（前2世紀）著：劉安

権力者を狙う反逆の悪神

　中国神話でもっとも代表的な悪役の神をあげるとすれば、間違いなくこの共工(きょうこう)が有力候補となるだろう。共工は中国神話において天下に害をなした4柱の悪神「四罪(しざい)」の1柱であり、神話のなかでなんと3回も、その時代の神話の主役とされる神や英雄の前に、敵として立ちはだかっているのだ。

　共工は農業と医療の神である炎帝(えんてい)の子孫、または火の神である祝融(しゅくゆう)の子であると考えられている。その身体は巨大であり、人の顔に蛇の身体をもち、そして燃えるように赤い髪の毛を生やしていたという。

　いずれの説でも共工は火の神の子孫、あるいは火の名を冠する神の子孫だとされているのだが、どういうわけか共工本人は、水の神だと設定されている。

共工の3度の反乱

　共工が天下に害をなした4柱の悪神「四罪」の1柱として数えられている理由として、共工が中国神話における有名な英雄や神、合わせて3人と戦っている、おなじみの悪役であることがあげられる。

　まずはこの世界が作られた「天地開闢(てんちかいびゃく)」のあとの時代、共工は世界の覇権を狙って反乱を起こすが、父である祝融に敗れる。だが共工は懲りることなく機会を待ち続けると、祝融から帝位を継いだ黄帝の、そのまたあとを継いだ顓頊(せんぎょく)に対し、天子の座を奪い取るべく戦いを挑むのだが、またしても返り討ちに遭ってしまう。

　共工はまたしてもじっと堪え忍びながら機会を待ち続け、中国最古の実在王朝だという説がある「夏(か)」王朝をのちに創始する「禹(う)」に戦いを挑んだ。当時の禹は治水工事を行う役人だったため、共工は水神としての力で大洪水を引き起こしたり、蛇の体に9つの人面がついた姿の部下「相柳(そうりゅう)」を暴れさせて禹の治水工事を妨害するのだが、禹にあえなく返り討ちにされてしまったのである。

　ちなみに共工は、3度の戦いのいずれかで怒り狂い、天地を支える柱のある山「不周山(ふしゅうざん)」に激突、あるいは頭突きをしている。これによって天は傾いて西北側が低くなり、地は東南がくぼんでしまったそうだ。中国の西北地方に山が少なく、中国を流れる川がすべて東南方向に流れるのは、この出来事が原因だとされている。

神怪

洪水の「洪」っていう字は、共工さんの名前から作った文字だって説があるそうですよ。共の字に、水という意味がある「氵（さんずい）」をつけて「共工さんがあふれさせた水」っていう意味なんだそうです。

illustrated by cinkai

ヤツらは群れで食いつくす！
蝗神（こうじん）

棲息地：中国全土　出典：『聊斎志異』（17世紀〜18世紀）　著：蒲松齢　別名：金姑娘娘

すべてを食いつくす蝗の群れ

　農民にとって、もっとも恐るべき天災とはなにか？　台風、渇水、疫病など数々の害があって断言するのは難しいところだが、こと中国において、もっとも恐るべきは「バッタ」の害である。中国語で「蝗害」と呼ばれるこの現象は、トノサマバッタという大型のバッタが過剰繁殖して食料がなくなったときに発生する。こうなるとトノサマバッタは定住生活に適した「孤独相」から、長距離移動に適した凶暴な「群生相」に肉体を作り替え、あらたな糧を求めて中国全土を飛び回りはじめる。トノサマバッタ、すなわち「蝗」たちは、植物性のものであれば作物はおろか、草も木も家屋も衣服すらも、文字どおり「根こそぎ」に食いつくしてしまうのだ。

　この「蝗害」を引き起こし、同時に被害を押さえる力を持っているのが「蝗神（こうじん）」と呼ばれる神である。これに対して蝗害を止めることが専門の神もおり、そういった神は「駆蝗神」と呼ばれる。特に有名なのが宋時代から伝わるという「劉猛将（りゅうもうしょう）」と呼ばれる神である。他にも百虫将軍、駆蝗使者、虫王爺（ちゅうおうや）、金姑娘娘（きんこにゃんにゃん）など、農業神の性質をあわせもつ数多くの駆蝗神が知られていた。

柳の神と蝗神

　中国の怪奇小説集『聊斎志異（りょうさいしい）』には、蝗神に直訴した男の逸話が残されている。

　ある地方の統治を任された役人が、自分が任された地域に蝗の群れが近づいていることに悩んでいた。すると「柳」と名乗る男が役人の夢枕に立ち、「この時この場所を、ロバに乗った婦人が通る。その人が蝗神なので、泣きつき頼めば害を免（まぬが）れる」という予言を告げられる。

　言われたとおりに知事がその時その場所へ向かうと、たしかにロバに乗って歩く女性が見つかった。知事が礼を尽くして、女性に見逃してほしいと哀れに泣きつき頼んだところ、女性は「柳秀才（りゅうしゅうさい）が告げ口をしたのだね、災いを与えてやる」と舌打ちし、姿を消してしまう。まもなく蝗の群れがこの地方を襲来したのだが、蝗の群れは農作物などをまったく襲わず、「柳の木」だけを食い尽くして、通り過ぎたそうだ。

　幻想動物の研究家、実吉達郎（さねよしたつお）の意見によれば、この女性こそが蝗神にして駆蝗神の「金姑娘娘（きんこにゃんにゃん）」その人ではないかということである。

いいかー悟浄ー。日本じゃイナゴって小さいバッタで、佃煮で食ったりするだろ。こっちの蝗はイナゴじゃなくて「トノサマバッタ」だかんな、でかいし堅いし食えたもんじゃねーぞ、気をつけろよ？

ゲリラ戦術のエキスパート
蚩尤(しゆう)

棲息地：中国南方　出典：『史記』（前1世紀）　著：司馬遷）など　別名：羌氏

反乱を起こした悪の戦神

　世界がまだ神々に統治されていた時代、神々に対して大反乱を起こした悪神がいた。その名を蚩尤(しゆう)という。彼は強力な神通力を持ち、忍耐強く、野心にあふれていた。蚩尤は中国で戦争に使用する5種類の基本的な武器「五兵(ごへい)」の発明者であり、悪神でありながら戦いの神として信仰の対象になっている。

約2000年前、漢王朝の時代の石版画に描かれた蚩尤。両手両足に彼が発明した武器を持った姿である。

　蚩尤は多くの文献に登場しており、その特徴は文献ごとに微妙に異なるが、体に動物のような形の部位があり、通常よりも多くの手足を持つ点が共通している。例えば4世紀の怪奇物語集『述異記(じゅついき)』の記述では、蚩尤は体は人間、牛の蹄をもち、手は6本、目が4つあり、頭に角が生えている。そして髪の毛の一本一本が剣などの武器のような形になっているという。別の文献では腕が8本、足が8本とされたり、「頭は銅、額は鉄でできている」と書かれている文献も存在する。また「蚩尤は鉄と石を食う」という記述も、複数の文献で見られる。

　蚩尤は、武器を使って反乱を起こしたはじめての指導者だとされている。そのため蚩尤が鉄と石を食うという特徴は、中国南方で生まれたとされる製鉄技術をあらわしたものではないかという説がある。

反乱の経緯と蚩尤軍の戦力

　蚩尤の一族は、中国の南方に代々王朝を開き、その首領は「炎帝(えんてい)」と名乗っていた。だが炎帝は、のちに人類史上はじめて世界を統治することになる「黄帝(こうてい)」と戦って敗れ戦う意欲を失ってしまった。炎帝の子孫たちはこのことを恨みに思い、たびたび黄帝に対して反乱を起こしていたのだ。蚩尤の反乱もこの流れのひとつとして行われたものだったが、一族の起こした反乱のなかではもっとも大規模で、もっとも黄帝の軍勢を追い詰める戦いとなったといわれている。

　黄帝の軍に反乱を起こすにあたり、蚩尤はまず自分の兄弟たちを反乱軍の主力として集めた。その人数は72名とも81名ともいわれていて、全員が蚩尤と同じように獣の身体部位を持ち、頭に角を生やし、頭は銅、額は鋼で出来ていて、砂や石を食べ、

そしておのおのが蚩尤のように強かった。

次に集めたのが、南方に暮らす妖怪、魑魅と魍魎（→p128）たちであった。さらに、勇敢で戦のうまい九黎族、巨体が特徴の夸父族を集め、それらに武器を持たせた蚩尤軍は、黄帝を驚かせるに足る、精強で戦意おう盛な大反乱軍となっていた。

戦いの経緯とその後

蚩尤の戦術は、蚩尤自身の神通力と魑魅魍魎たちの力で戦場に風雨や濃霧を自在に呼び寄せ、視界を奪われて組織的行動がとれない黄帝軍を、強大な個人戦闘能力を持つ蚩尤やその兄弟たちが、さながら現代のゲリラ戦術のように神出鬼没に襲撃するという巧妙なものだった。

また、魑魅魍魎の鳴き声には人間の精神を惑わす力があり、声を聞いたものはその方角に向けてふらふらと移動してしまう。こうして黄帝の陣から迷い出てきた兵士を奇襲して数を減らしていくという念の入りようで、黄帝の軍勢は右も左もわからないまま、包囲され身動きが取れずに全滅させられるかに見えた。

だが黄帝の配下の知恵者が、濃霧のなかで包囲を突破するために、常に特定の方角を示し続ける道具「指南車」を発明した。現代でいう方位磁針である。黄帝はこの道具の力を借りて軍隊を一方向に向けて突撃させ、まずは蚩尤の濃霧による包囲陣を突破する。次に、魑魅魍魎が龍の鳴き声を恐れると聞いて、ラッパなどの音を鳴らして龍の鳴き声と勘違いさせ、魑魅魍魎の戦意を喪失させた。

その後も両軍は、交渉によって味方を増やしたり、新兵器を投入してはその対策に明け暮れるなど、長きにわたる戦いを続けたが、黄帝の部下が発明した「兵隊の士気を高める太鼓」が決め手となって蚩尤軍の士気が崩壊する。こうして敗れた蚩尤は、捕らえられ殺害されたという。

蚩尤が処刑されたときの事件として、いくつかの逸話が残っている。百科事典『山海経』によれば、蚩尤が暴れ出さないよう手足に枷をつけ、拘束してから殺害したが、このとき蚩尤の血が染み込んだ枷から芽が出て樹木になった。これが中国南部や台湾に分布する「楓」という木であり、この木の葉っぱが秋になると血の色に染まるのは、蚩尤の恨みが宿っているせいなのだという。

別の文献では、蚩尤は首を落とされて頭と胴体が別の場所に葬られたが、斬首が行われたとされる山西省には「解池」という赤い池があり、これは「解」、すなわち斬首刑が行われた場所であることを指しているのだという。

このように悪神として生涯を終えた蚩尤だったが、その軍事的才能は後世においても高く評価されていた。『項羽と劉邦』の主人公で、漢王朝を開いた劉邦の軍勢は真っ赤な旗だったが、この旗は「蚩尤旗」と呼ばれる、蚩尤の軍事的な加護を期待して掲げられたものである。

蚩尤さんってこんなに強い悪役なのに、「四凶」にも「四罪」にも入っていないのですね。
どちらも中国を代表する悪神の称号なのに……意外でした。

中国の霊獣「四霊」

「四霊」ってのは、めでたいことが起きるときに人間の前にあらわれる生き物なんだが、こっちにも「龍」がいるぜ。

　中国では、似た属性を持つ伝承上の存在を4体、稀に5体を集め、四神（➡p94）などのグループ名を付けて、ひとまとめの存在として扱うことがある。本ページで紹介する四霊もそのひとつであり、彼らは『礼記』に記されている、霊妙な4体の瑞獣（よいことの前兆として人前に姿を現す獣）だ。

　四霊は麒麟（➡p84）、鳳凰（➡p80）、霊亀（➡p82）、応龍の4体をひとまとめに呼ぶ時の名前で、四瑞と呼ばれることもある。四神とは非常に関連が深く、鳳凰は朱雀と同一視されており、麒麟を白虎と入れ替えるだけで四神が成立する。また四霊を四神と呼ぶこともあるため、両者は似たような存在だと考えてもよい。「麟鳳亀竜」とも呼ばれる四霊に属するそれぞれの動物が持つ意味と、どのようなときにあらわれるのかは以下のとおりである。

名前	意味	特徴
麒麟	仁義	国を治める君主が優れた人物であると姿をあらわす
鳳凰	平安	天下泰平の世に、優れた人物が生まれると姿をあらわす
霊亀	吉凶	治水の才を持つ人が生まれるとあらわれ、吉凶を予知する
応龍	変幻	龍の王様。応龍のいる場所にはよく雨が降る

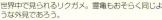
世界中で見られるリクガメ。霊亀もおそらく同じような外見であろう。

『山海経』にある応竜の姿。一般的な中国の竜そのものである。

ま、応龍さんくらいスゲェ龍になると、こういうふうに称号をもらって有名になれるわけだ。
あー、俺様もはやく龍の姿に戻ってチヤホヤされてえなー！

ニンゲン作った泥んこ遊び
女媧（じょか）

出身地：不明　出典：『楚辞』（前4世紀〜前3世紀　著：屈原）、
『山海経』（前4世紀〜3世紀　編：禹、伯益）など

半蛇半人の創造神

　中国神話の女神「女媧（じょか）」は、すべての人類を作り出した偉大な創造神であり、結婚や子授けの神としても信仰されている。その外見は、上半身が人間、下半身が蛇（または龍）という姿で描かれることが多い。古代中国の文献や壁画などには、女媧と一緒に半蛇半人の男神が描かれた（右写真）。この神は「伏羲（ふっき）」といって、女媧の夫または兄（あるいはその両方）だと考えられている。

　伏羲は人間に文化を伝えた神だといわれている。これに農耕と炎の神「神農（しんのう）」と、人類創造の女神「女媧」を加えた3柱の神は、中国の神話でもっとも重要な位置を占めていて、3柱あわせて「三皇（さんこう）」という呼び名で崇（あが）められている。

女媧（左）と伏羲（右）。絡みあう蛇体は両者の性交、つまりふたりが夫婦であることを表現しているらしい。8世紀ころの作品。

手抜き作業で人類創造

　中国の神話では、神が人類を作り出した方法が複数知られている。古い神話では、大気中の陰陽の気が混ざって人間になったとか、女媧が複数の神と協力して人類を作ったとか、世界の材料になった最初の神「盤古（ばんこ）」の寄生虫が人類だという神話などがあるが、どれも民衆には人気がない。中国でもっとも人気があった人類起源神話は、女媧が自分ひとりで人類の祖先をつくりあげたという物語だ。

　世界にまだ人間がいなかったころ。女媧は黄色い粘土をこねて、自分によく似た人形を作ると、泥人形はひとりでに動き出した。これが最初の人類である。

　喜んで何体もの泥人形を作った女媧だったが、だんだん作業に疲れてくる。そこで女媧は、泥水のなかに縄をひたし、縄を振り回して泥水のしずくをまき散らした。すると飛び散ったしずくの一滴一滴が人間に変わったのだ。

　この方法はとても効率がよく、たくさんの人類が作られたが、女媧が自分でこねて作った人間よりは質が低かった。このとき女媧がこねて作った人間の子孫が中国の貴族層であり、粗製濫造（そせいらんぞう）した人間が、貧乏人や身分の低い者になったという。

女媧様たち「三皇」のことは、152ページでくわしく紹介しているって話だぜ。中国の神や妖怪を知るにゃあ外せないお方だからな、一度きちんとご挨拶しておけよ。

奇書に見られる異形の神
燭陰(しょくいん)

棲息地：鍾山（世界の北端）　出典：『山海経』（前4世紀～3世紀）　編：禹、伯益

山海経の異形のひとつ

『山海経(せんがいきょう)』とは、中国最古の地理書であり、同時に数々の異形の存在とその姿が描かれているという、奇書のひとつとしても知られている、中国神話の重要な基礎資料だ。この中で数々紹介されている神の1柱に、燭陰というものがある。

燭陰は『山海経』の「海外北経」にその姿と特性が紹介されている。その内容によれば、燭陰は東北隅より西北隅に至る北の果て、鍾山(しょうざん)という山のふもとに棲んでいるのだという。外見は人の頭に身体は蛇、色は赤い、という異形のもので、体長は千里（古代中国の単位換算で約40万km）という途方もない長さであったそうだ。また、神としての力は主に気象と季節、昼夜をあやつるもので、目を開ければ昼に、閉じれば夜になり、息を吹けば冬となり、声を出して呼べば夏となるのだという。また飲食を一切することはなく、呼吸もせず、だが息をすれば風が起きるそうだ。

『山海経』に掲載されている燭陰の姿。

中国のとある神話学者は、北の果てに棲んでいる、行動が気象や季節、昼夜をあやつるもの、などの特徴から、燭陰の棲む鍾山は大地の最北端を示している、として、燭陰自身は北極圏(ほっきょくけん)における特殊な気象現象の神格化である、という説を提示している。つまり北極圏で起きる、1日中太陽が沈まない「白夜(びゃくや)」や、大気が発光する美しく幻想的な気象現象「オーロラ」を神格化したものが燭陰である、というのだ。燭陰の持つ特徴と比較するに、この説は至極妥当な内容であろう。

日本ではただの妖怪扱い

日本における『山海経』は、平安時代に中国から伝わった、異様な存在が数多く描かれている奇書、という扱いを受けていたようだ。『山海経』で紹介されている異形の数々は、神であろうが異形の類であろうが、日本では単なる「妖怪」のひとつとして捉えられ、数々の妖怪絵巻にその姿が描かれている。燭陰も例外に漏れず、江戸時代の妖怪画家、鳥山石燕(とりやませきえん)による『今昔百鬼拾遺(こんじゃくひゃっきしゅうい)』や同年の著者不明『怪奇鳥獣図巻(かいきちょうじゅうずかん)』などに1匹の妖怪として、その姿と特性が書き記されている。

> オーロラって、上のほうは赤くて、下の方は青いんですって。でも地球は丸いから、この中国から見ると、上のほうにある赤いオーロラしか見えないそうです。だから燭陰さんの体は赤いのね？

女仙すべてを司る聖母
西王母

棲息地：崑崙山　出典：『西遊記』（16世紀　編：呉承恩?）、『南遊記』（16世紀～17世紀　編：余象斗）、
『東遊記』（16世紀～17世紀　著：呉政泰、呉元泰）ほか

天界の美しき最高仙女

　神仙たちが住まう天上世界「崑崙山」で、不老不死の仙桃が実る果樹園を管理している、艶やかにして麗しい仙女、それが西王母である。西王母は中国では古くから広く信仰されている女神であり、子宝や安産、子育てを司るというところから、現在でも特に女性からの篤い信仰を集めている。ただし、西王母は人々の願いを聞き集める役どころであり、実際にその願いを叶える仕事は、彼女が統率している、それぞれに専門の力を持つ仙女たちに行わせているのだという。

江戸時代の画家、円山応挙による西王母。西王母の絵図には桃を伴うことが多い。

　西王母は「女仙の頂点であり、不老不死の仙薬または仙桃を管理している」という重要な役どころから、中国の創作作品や伝承にしばしば登場する。例えば中国の長編怪奇小説『西遊記』で孫悟空に仙桃を食い荒らされる、中国神話の英雄、羿に仙薬を与える（➡p31）、古代の皇帝に桃を授けるなど、数え出したらきりがないほどだ。このように数多くの伝承や物語に登場していることが、西王母の人気の証だと言えるだろう。

似ても似つかぬ西王母の前身

　このように「仙界の頂点に立つ美しい女仙」という姿がよく知られている西王母だが、これは道教世界の最高位にある女神として作り飾られた、最終的な姿である。中国最古の地理書『山海経』に記されている西王母の本来の姿は、疫病と刑罰を司る厄神であり、人間の姿こそしているものの、ヒョウの尻尾に虎の牙を持ち、髪は伸び放題、遠吠えをし、髪飾りを付けているという、美しい仙女とはかけ離れた姿なのだ。

　西王母が現在のような存在となった理由は、歴史を伝えてきた人々の発想力にある。疫病と刑罰の神、ということは、すなわち人間の生死を自由に決められる、つまり人間を不老長寿にもできるはず。そのように考えられた結果、西王母は不死の仙薬を持っている、ということになった。そして時代が進むにつれて動物的な要素は忘れられ、結果として「不老不死を与える仙女」という姿に変化したのである。

痛い、痛いよ三蔵様！　桃を食ったのなんて、もう500年も前なんだから許してくれよ～！　っていうかもう罰受けてるし！
アイタタタタ!!!!　えーん、謝るからゆるめてー！

イイコトしてお金持ち
五通神

棲息地：浙江省、江蘇省など（中国南部）　出典：『夷堅志』（1198年　編：洪邁）、『聊斎志異』（17世紀～18世紀　著：蒲松齢）など　別名：五聖、五鬼、五賢神、五猖神、五郎神、五顕霊公

インモラルな富貴の神

　五通神は現在の江蘇省、浙江省など主に中国南部で広く信仰されていた5人組の神である。五鬼、五猖神などさまざまな名を持ち、5人兄弟であるとされる。

　五通神は財神にして淫祠（いかがわしい神）という、よい面と悪い面をあわせ持つ神である。彼らはハンサムな男の姿で人間の家に押し入り、妻や娘を強引に犯してしまう。このとき女性は幻乱して彼らのいいなりになってしまい、逆らったり拒むことはできない。おとなしく彼らに従っているあいだは、家は財貨を与えられて栄えるが、家族などが反抗すれば災いがある。もっとも反抗せずとも五通神との関係は不安定で、彼らの力を借りた繁栄は長続きしないという。

　12世紀、宋代に編纂された小説集『夷堅志』によれば、五通神の正体は猿、あるいは犬、蝦蟇のたぐいであるという。あるいはもともとは天から下界に下った神であり、10世紀の唐代末期ころまでは廟で丁重に祀られていたものが、時代を下るうちに誤って伝えられていき、14世紀以降、明清の時代にはこのような淫らな神になっていた、とする説もある。

　また17世紀の短編小説集『聊斎志異』には、この五通神を退治する物語が収録されている。五通神が人間の家に押し入って妻を犯したり娘を奪おうとしたため、万生という弓に長けた勇士に頼んで退治してもらうことになった。万生が五通神とおぼしき侵入者を弓と剣で倒してみると、そのあとには馬や豚の死体や、人間のものとは思えない大きな爪が残されていたという。

禁じられてもなお続く信仰

　女性との性的関係を対価に家を繁栄させる五通神は、怖れられると同時に、財神として広く人々の信仰を集めた。農閑期の祭りでは五通神が祀られ、また家の者が病気になると道士や巫女を呼んで五通神に祈祷をしてもらったという。この祈祷は蜡筵や喜筵と呼ばれていた。

　15世紀以降、中国の統治者たちは淫らな五通神への信仰を止めさせるべく、廟を破壊させるなどして撲滅運動を行ったが、土地に根付いた信仰を完全に消し去ることはできず、19世紀、清代末期の資料にもたびたび五通神は登場する。

ななな、なんですかこの破廉恥な神は！　こんなものが神だなんて、断じて認められません！　悟空、八戒！　やっておしまいなさい！
……悟浄、あなたはいいので座っていなさい。

ごろごろ鳴らして鏡でピカリ
雷公&電母

出身地：不明　出典：『楚辞』（前4～前3世紀　著：屈原）ほか多数　別名：電父／閃電娘子

雷を生み出す天空の神

　雷公とは、ひらたく言えば日本で言う「カミナリサマ」のことである。

　雷公は力士のようないでたちの神で、無数の太鼓が連なったものを引き連れている。彼が左手で太鼓を引き寄せて、右手のバチで太鼓を叩くと、ゴロゴロという音が響いて雷が放たれるのだ。

　雷公の顔かたちは時代や文献によって違いがあり、今から約2000年前、漢王朝の時代の雷公は「普通の人間の顔」だったが、約1600年前、東晋王朝の時代から、くちびるが突きだしたような姿で描かれはじめ、800年前、元王朝の時代には「頭部がニワトリの形」だとはっきり明記されるようになった。もっとも約450年前に書かれた小説『西遊記』では、このような鳥の頭を持つ雷公と、人間の姿の雷公が共演する場面が見られる。

江戸時代の画家、尾形光琳の雷神図。仏教系の雷神で、右側には風神が配置される。

　ちなみに日本では、江戸時代初期の画家「俵屋宗達」が金屏風に描いた「風神雷神図」をはじめ、雷神には風神がセットで描かれるイメージがあるが、雷神と風神のコンビは仏教美術に見られる組み合わせであり、中国古来の芸術では、雷神の横に風神が描かれることはめったにない。

雷公の妻は鏡二刀流

　『西遊記』を題材とした絵画では、2種類の雷公が共演する場面で、両手に鏡を持った長身の美女があらわれる。この女性は『西遊記』では「閃電娘子」と呼ばれているが、その正体は「電母」といい、雷公の妻である。

　彼女が持っている2枚の鏡は、天上世界で雷公が生み出した雷を、下界に向けて発射するためのものである。約1150年前に朝鮮出身で唐に留学した役人、崔致遠の『桂苑筆耕集』には、雷公と電母に、雷で道を掘らせたという記述があり、電母が雷を地上に落とすときに重要な役目を果たすことを示唆している。

お、雷公様だ！　おーい雷公様〜‼　どこ行くの〜？
えっ、玉皇上帝様のお使い？　あ、がんばってー。
あのひといつも他の神様のお使いしてるな、エライっぽく見えるのに。

illustrated by 高橋ろでむ

中国の歴史書「正史」とは?

中国の歴史は後代に作られる

　中国の妖怪が登場する文献を調べていると、ときどき『漢書』のように、中国の王朝の名前がついた文献が登場することがある。これは「正史」といって、中国の歴代王朝が認めた、正式な歴史書である。つまり妖怪の存在が公式に認められているわけだが、正史に登場するのはおおむね霊獣であり、市民が語るような怪しい妖怪が歴史書を賑わすことはきわめてまれである。

　中国の歴史書には他国に見られない変わったルールがある。それは王朝の正式な歴史書は、王朝が滅んだあとに「次の王朝が」それまでの資料をもとに編集するというものだ。

　そのため「正史」では、前王朝からの帝位の簒奪を正当化するために、滅亡直前の帝王の業績が実態よりもはるかにひどかったと宣伝される傾向がある。

中国の代表的な「正史」の名前と時代

王朝名	書名	著者	成立時期
殷〜周王朝	『史記』	司馬遷（漢王朝時代）	紀元前91年ごろ
前期漢王朝	『漢書』	班固（後期漢王朝時代）	1世紀
三国時代	『三国志』	陳寿（晋王朝時代）	3世紀末
晋王朝	『晋書』	唐王朝の事業	650年ごろ
隋王朝	『隋書』	唐王朝の事業	656年
明王朝	『明史』	清王朝の事業	1739年

正史には、その時代に起きた代表的なできごとも書かれるのです。
私たちの壮大な天竺行も、何百年かあとには正史にまとめられる偉業になるかも知れませんよ（うっとり）

（はっ、これはごほうびチャンスブヒ！）
ブヒ〜、期待しないほうがよいでしょうねえ、乗ったとしても、天竺までカレーを食べに行った変人って書かれるのがオチでブヒ。

八戒！　カレーを食べることのどこがおかしいのです！
あの芳醇な香り、あふれだす刺激！
そんなことを言うブタはおしおきですよ！

ブヒーッ!!　わたくしはこっちの刺激が好みブヒー!!

人間に近い姿をとる妖怪です。由来は、人間が変質して妖怪になった者、生まれつき人間に近い姿と特別な力を持って生まれてきた者などさまざまです。この種の妖怪は中国の創作において、魅力的なキャラクターとして活躍しています。

人怪(じんかい)

Illustrated by 白雪バンビ

僵尸

お、三蔵様！ オレここなら知ってるぜ！
いやー、このへんで、タチの妖怪とよく遊んでたんだよ。
あいつらまだ元気にしてっかな～？

悟空の友達ですか。気になりますね。
どんな友達なのですか？

ん、だいたいオレとおんなじでさ、見た目は人間っぽいけど、角が生えてたり尻尾があったり、だいたいそんな感じ。
似たようなやつらがいろいろいろいるぜ！

屍体がぴょんぴょん跳び回る！
僵尸（きょうし）

棲息地：中国全土　出典：『子不語』（1716年〜1797年　著：袁枚）、『聊斎志異』（17世紀〜18世紀　著：蒲松齢）、『西遊記』（16世紀　編：呉承恩?）など多数　別名：僵屍、キョンシー

死体が起き上がって害をなす

清朝末期の官僚的服装。映画で使われたことから、一般的な僵尸の服装としてよく知られている。

　僵尸（きょうし）と書いてもピンとこないかもしれないが、広東語読みの「キョンシー」と呼べば知らない人はいないだろう。僵尸とは香港映画『霊幻道士』シリーズで有名になった中国の動く死体のことで、中国妖怪の花形といっても差し支えない。

　僵尸は「僵屍」とも書かれるが、「尸」と「屍」はどちらも死体を意味する字であり、「僵」には"硬直する"という意味がある。これは僵尸が墓から起き上がり動き出したとしても、いずれまた死体に戻り硬直するところから来ている。

　僵尸は死体であるにもかかわらず、肉体はふっくらとしていて腐敗したところがひとつもなく、全身に長い毛が生えている。性格は凶暴で、生前の体力や性別と関係なく、熊をも上回る怪力を持っている。僵尸はこの怪力で人を殺し食らうのだという。ただしその身体はあくまでも硬直した死体であるため、なめらかな動きができない。そのため僵尸に襲われた場合、木やハシゴなどによじ登ってしまえば、それ以上追いかけてくることはないそうだ。

　一般的にイメージされる僵尸の外見は、香港映画『霊幻道士』シリーズなどで見られる、右上写真のような清朝末期の官僚の服を着た死体が、両手を真っすぐ前に突き出し、歩くのではなくピョンピョンと飛び跳ねて前に進む、というものであろう。これは過去の中国で、官僚経験者はかならず生前に着ていた官僚服を死装束にして埋葬されていたこと、さらに身体が硬直しているという僵尸の特徴から見れば、決して間違ったものではない。

死者はいかにして僵屍と化すか

　中国の各種伝承で語られる僵尸は、映画のような役人姿のものだけではなく、多種多様な外見で語られており、その目撃証言は、中国に残る怪奇譚をまとめた文献を紐解けばいくらでも見つけ出せる。死者が起き上がって動く、という話は、古くから中国全土どこにでもあるものなのだ。

　それらの逸話によると、死者が僵尸となる理由に特別なものは見受けられない。ただし条件はあり、死んだあと、貧乏で墓が買えない、故郷から離れた場所で死んだな

どの都合で、「正式に埋葬される前の、ただ寝かされている遺体」や、「棺に入れて安置されている死体」のごく一部が、僵尸と化して起き上がるのだという。

正式に埋葬される前に僵尸と化した死者は、たとえその後きちんと埋葬されたとしても、夜な夜な墓から抜け出して人前に姿をあらわす。ただし、すべての僵尸が人間に牙を剥くわけではない。例えば、ただ音楽に合わせて墓地で踊る者や、雨風を避けようと人家を訪ね、夜明けに倒れて死体と化した者など、数々の逸話がさまざまな文献で見られる。なかには、生きている女性と不倫関係となり、女性に大金を貢いでいた男が、実は20年も前に死んだ僵尸だったという伝承もある。

だが清代の小説家、蒲松齢（ほしょうれい）による噂話集『聊斎志異（りょうさいしい）』に収録されている「尸変（しへん）」という話によって、僵尸はその在り方を大きく変えることとなる。それに登場する僵尸は、旅の4人組のうち3人を密かに殺し、さらに僵尸の存在に気が付いて逃げ出した最後のひとりを執念深く追い掛け、あと一歩というところまで追い詰めるという、人間性のかけらもない恐ろしい怪物であった。

さらにその後、小説家の袁枚（えんばい）による短編怪奇小説集『子不語（しふご）』『続子不語（ぞくしふご）』に収録された、20遍以上の恐ろしい僵尸怪異譚（かいいたん）によって、僵尸は「生前の姿のまま動き回る死者」から「生前の人格が消え失せた、人を襲い食い殺す化け物」に変化した。袁枚の書いた僵尸は、たとえば顔色は真っ黒で両目が緑色に光り、牙を咬み出し咆哮する。また、耐え難い臭気を口から吹き、人間にがっしり抱き付いて殺すが、その手と爪は皮膚に深く食い込み、遺体から手をもぎ取っても爪が抜けないのだという。

映像作品における「キョンシー」像

映画『霊幻道士』『幽幻道士（ゆうげんどうし）』は、世界中で大流行した吸血鬼映画の影響を受けて作られた作品であるため、随所に西洋の吸血鬼の要素が取り入れられている。例えば「人の生き血を求め、鋭い牙で首筋に噛みつく」、「僵尸に噛みつかれた者は僵尸になる」、「僵尸は修行を積んだ道士が、桃の木や銭で作られた剣、霊符、術などを駆使して退治する」などは、すべて映像作品で付け加えられた設定であり、中国古来の伝承に残っているものではない。

また先述している、清朝末期の官僚の服を着たイメージは決して間違いではないのだが、このような死装束で埋葬されるのは、あくまでも官僚経験者のみである。中国の伝承内における僵尸は、もとの人間が一般人であれば、その身分なりの衣服で、ときには下着姿、全裸などの姿で動き出すのだ。

> 映画でもおなじみの、中国の一般的な道士の装束。撮影：OhanaUnited

> 僵尸のはじまりですがね、遠くから出稼ぎに来ていた人の遺体を、故郷まで歩かせるために術で作られたものだという説があるそうですよ。時間がたっても腐らないのは便利ですねえ。

小さな小さな謎の少女
極小女児

棲息地：不明　出典：『閲微草堂筆記』（1800年　著：紀昀）　別名：花月の妖、花の妖精、花の神

蝶の背中に乗っていた？

　アンデルセン童話の「親指姫」は、チューリップの花から生まれた小さな少女が主人公の物語だ。これによく似た話は中国にもあり、18世紀ごろの中国でまとめられた怪談集『閲微草堂筆記』で紹介されている。この作品中では少女の名前は語られていないが、架空の動物にくわしい動物学者「実吉達郎」の著書《中国妖怪人物事典》で、「極小女児」という名前がつけられている。

　ある日のこと、とある庭園が花盛りとなった時期に、その庭園の中から、お婆さんが驚き叫ぶ声が聞こえた。男性が何事かと窓を開けて外を見てみると、お婆さんや他の女性たちが競うように空を指差している。その先を見てみると、手のひらぐらいの大きさの蝶が飛んでいたのだが、その背中には何と、親指程度の大きさしかない、赤い着物を着た、とても小さな女の子が座っていた、というのだ。蝶と背中の小さな女の子はしばらく庭園の中をひらひらと舞い飛んだあと、垣根を越えてどこかへ飛び去って行ったという。

　この小さな女の子は男性や庭のお婆さん、女性たちのみならず、隣家の子供たちにも目撃されており、『閲微草堂筆記』の筆者は「花の妖精か花の神が姿をあらわしたのだろうか」と考え、また別の人は「蝶に小さな人形をくくりつけたイタズラだろう」と考えた。だが女の子と蝶を目撃した男性は「女の子は蝶を馬に乗るかのように操っていた。さらに上下左右に視線を動かし、俯き仰ぎ、ときに後ろを振り向く姿態は活き活きとして、あれは絶対に人形などではない」と語ったという。

『閲微草堂筆記』とは

　この話が収録されている『閲微草堂筆記』は、18世紀ごろの中国の学者、紀昀によってまとめられた怪談集だ。この書籍には、当時の中国で非常に人気のあった怪異譚集『聊斎志異』に対し、紀昀が「怪異を虚構として語ることは、怪異を事実としてありのままに記録した"志怪小説"の伝統からすれば邪道だ」と批判した上で編集した、という経緯がある。怪談を小説のようにまとめた聊斎志異とは異なり、各話の冒頭でかならず出所を明らかにした上で、その人の語った怪談奇談を紀昀自身が見聞きし、その内容をありのまま伝えられるよう努めているのが特徴だ。

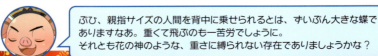

ぶひ、親指サイズの人間を背中に乗せられるとは、ずいぶん大きな蝶でありますなあ。重くて飛ぶのも一苦労でしょうに。
それとも花の神のような、重さに縛られない存在でありましょうかな？

魑魅・魍魎

あやしいやつらは魑魅魍魎

棲息地：中国南方　出典：『史記』(前1世紀)　著：司馬遷 ほか多数　別名：なし／罔両、方良

自然界に住む妖怪の総称

魑魅魍魎とは、正体がよくわからない雑多な存在のことを意味する4文字熟語である。日本でたまに聞かれる慣用表現だが、実はこの魑魅魍魎という言葉は、2種の妖怪の名前に由来する言葉なのだ。

魑魅魍魎という言葉は、「魑魅」という妖怪と「魍魎」という妖怪の名前をくっつけたものである。魑魅と魍魎の歴史は古く、紀元前2世紀ごろに書かれた中国最古の公式な歴史書『史記』にその名が登場する。それによれば魑魅と魍魎は中国の南方に住む、それぞれ山林の妖怪と水沢の妖怪の総称であり、かつて蚩尤（→p106）という神が時の帝王「黄帝」に反乱を起こしたとき、蚩尤の軍に加わった妖怪種族の一派として紹介されている。

彼ら魑魅魍魎は、中国南方の山林や水場に住む妖怪たちであり、奇声を発して人間を惑わす能力を持っていた。この奇声を耳にした人間は、意識がもうろうとして周囲を知覚できなくなり、奇声の聞こえる方にふらふらと呼び寄せられてしまう。そして妖怪たちに奇襲されて各個撃破されるのだ。

魑魅魍魎の能力に悩まされた黄帝は、その弱点を探るべく調査をすすめ、魑魅と魍魎が龍の声を恐れることをつきとめた。そこで黄帝は、牛や山羊の角などを使ってラッパを作らせた。ラッパから鳴らされる重低音は、さながら龍の鳴き声そのものであり、その音に萎縮して人を惑わすどころではなくなってしまった魑魅と魍魎たちは、黄帝の軍にさんざんに打ち負かされたと言われている。

山林の妖怪「魑魅」

魑魅魍魎の魑魅は、山と林の霊である。魑魅は山林で発生する瘴気（悪い気）から発生するといわれている。ちなみに魑という文字は、鬼（霊のこと）に、山の霊を意味する离という文字を加えたもので、「山に住む妖怪」という魑魅の実体を1文字で表現している。また『史記』の記述によれば、魑魅は4本足の獣の体と人間の顔を持つ妖怪なのだという。

山に棲む妖怪すべてのことを「魑魅」と呼ぶことも多い。本書の50ページで紹介した猩々も、典型的な魑魅のひとつである。また『捜神後記』という文

1802年、江戸伊勢屋治助の怪奇画集「百鬼夜講化物語」より、魑魅魍魎。右側が魑魅、左下が魍魎である。

献には、足が1本しかない人間の姿をした魍魅の一種「山操」という魍魅の一種が紹介されている。この魍魅は、相手の名前を知るだけで呪いをかける能力を有していたらしい。やはり魍魅には異能を持つものが多いようだ。

　魑魅魍魎は日本にも取り入れられ、平安時代の辞書である『和名類聚抄』では、「すだま」と呼ばれる山の鬼の一種だとされた。時代が下って江戸時代になると、百科事典『和漢三才図会』では「山の神」として紹介されている。どの時代においても、山と関係があるという基本的な特徴はあまり変わっていないものと見受けられる。

水沢の妖怪「魍魎」

　魑魅魍魎の魑魅のほうは、中国でも日本でもあまり有名にはならなかったが、魍魎のほうは多くの記述が残っている。

　魍魎は水の妖怪の集合体なのだが、そのうち一部の外見的特徴として「3歳の子供のような外見で、肌は赤黒く、眼は赤く、耳が長く、美しい髪の毛を持つ」という特徴が紹介されている。

江戸時代の妖怪絵師、鳥山石燕の画集『今昔画図続百鬼』より、魍魎。遺体を掘り出して喰らう妖怪として描かれている。

　魍魎には人間に化けて人間社会に入り込み、墓場の屍体から脳髄を引き出して食べる性質があるらしい。中国にはもともと、亡くなった人のために鏡を埋葬する習慣があったのだが、中国の怪異研究でその名を知られる20世紀の文学者沢田瑞穂は、これは魍魎をはじめ遺体を狙う妖怪たちから亡くなった人の遺体を守る、魔除けの役目を果たしていたという説を提示している。

　また魍魎は、蚩尤と敵対した「黄帝」と縁の深い妖怪だ。黄帝の跡を継いで帝王となった顓頊の子供はいずれも死後に「鬼（幽霊）」となってしまっているのだが、2番目の子供は若水という河で「魍魎鬼」になったという記述がある。

日本における魑魅魍魎

　魑魅魍魎が日本に渡ると、魑魅は山の妖怪、魍魎は日本土着の水の妖怪である「河童」と混同されていく。実際に魑魅も魍魎も、山や川に住む雑多な妖怪をひとまとめにして呼ぶ名前なので間違ってはいない。正しい用法にこだわるなら、河童も水の妖怪の総称である「魍魎」の一種だと言うことができるわけだ。

　特に魍魎については水神を意味する「みずは」という音で読まれるようになって日本化が進んだ。また、魍魎は亡者の肝を食べるということから、死者の亡骸を奪う猫形の妖怪「火車」との混同が進み、それまで火車の物語として語られていた内容が魍魎の仕業だとして語られるようになった。

『史記』によると、魑魅魍魎の魑は虎、魅はイノシシ頭で人型の妖怪ですか。このさいですから、今後は八戒のことは「魅」と呼びましょうか？「はっかい」と4文字も発音するより楽でしし。

中国の思想事典⑦ 方術

術っていったらオレたち妖怪の得意技だけど、人間にもけっこうすげえ術を使うやつがいるんだって。
ま、神でも妖怪でもオレにはかなわないだろうけどなー！

中国では、道教の修行者のことを「道士」、民間のシャーマンのような霊能力者のことを「巫」と呼んでいた。人々は彼らが普通の人にない特別な能力を身につけていると信じ、また彼らもそれを公言してはばからなかった。こうした道士や巫のたぐいが使用する術のことを、一般的に「方術」と呼ぶ。

このコラムでは、中国の文化が生み出した方術の数々のうち、特に中国の妖怪と関わりの深い方術について紹介していこう。

 ### 関亡術……死者をつかまえる術

日本のイタコと同じで、自分の肉体を媒介にして死者と会話させる術。イタコは死者に自分の口を使わせて会話を行うが、関亡術の場合は腹話術によって死者の声を生者に伝え、多くの人を驚かせたという。

 ### 勅勒術……お札で妖怪を撃退！

神々の力を宿したお札を使う術。お札は天上に住まう神からの「勅令」という形をとっているため、妖怪たちにも大きな拘束力があるとされる。

122ページで紹介した妖怪「僵尸」の額に貼られているお札にも「勅令」の文字があり、このお札が勅勒術の技法によって作られていることがわかる。

 ### 巫蠱術……虫を利用する呪術

別名を「蠱毒」という（→p36）。毒虫や爬虫類のたぐいを1カ所に閉じ込めて共食いをさせ、1年後に生き残った唯一の虫から出た排泄物を使う。呪術のターゲットをかたどった紙人形に、虫の排泄物を混ぜ、呪いながら地面に埋めると、対象者はきわめて危険な病気に冒されるといわれていた。

イタイイタイイタイ！
なんだよ三蔵様〜‼ オレなにも悪いことしてないぞ〜！

あのねえ悟空、あなたという子は……。
こうやってあなたの頭を締め上げているのも、菩薩様と私の術なのですよ？ すこしは謙虚さというものを身につけてはどうですか。

中国のろくろ首は一味違う
飛頭蛮（ひとうばん）

棲息地：中国南部、インド、東南アジア　出典：『捜神記』（317年〜420年　著：干宝）、『瀛涯勝覧』（1416年〜1451年　著：馬歓）など　別名：屍頭蛮（しとうばん）

身体から頭が離れて空を飛ぶ

　体から頭が離れる妖怪といえば、首が長く伸びる「ろくろ首」を想像する人が多いことだろう。だが世界的には首が伸びるよりも「頭が身体から分離して空を飛ぶ」ほうが主流である。中国では、このような妖怪は飛頭蛮と呼ばれている。ちなみに中国で「蛮」といえば南方の異民族のことであり、中国人はこの妖怪が中国の南方に住む異民族だと考えていた。

　4世紀の逸話集『捜神記』には、秦の始皇帝が中国を統一したころ、中国の南方に「落頭民」という部族があり、そこの人々は頭だけが空を飛ぶという噂が記録されている。また、三国志で有名な国「呉」の将軍である朱桓の逸話として、彼の雇っていた女中が落頭民の出身であり、夜な夜な頭だけが耳を翼にして飛んでいったというものがある。ただし、飛び回るのみで特に他人に害を与えるようなことはなく、朝になれば首のない胴体に頭がもとどおりくっつき、何事もなく起き出すという。

　14世紀には、明王朝の皇帝が、鄭和という海軍軍人に命じて大艦隊を編成し、東南アジアを経由してアフリカまで至る大航海をなしとげたことがあった。その航海の記録をまとめた『瀛涯勝覧』によれば、現在のベトナム南部の地域には「屍頭蛮」という人間がいるという。彼らの目には瞳（目の黒い部分）がなく、夜に眠ると頭だけが飛んでいく。首は汚物を食らい、ときには子供の肛門に吸い付くのだが、屍頭蛮に吸い付かれた子供は妖気に侵されて死んでしまう。そのためベトナムでは、一家から屍頭蛮が出た場合、届け出なければ全員が罪に問われるそうだ。

飛頭蛮を退治する方法

　飛頭蛮、屍頭蛮、落頭民などさまざまな名前で呼ばれる彼らだが、その弱点はおおむね共通している。頭と体の接続を断たれることに弱いのだ。

　上で紹介した呉の将軍「朱桓」の逸話では、落頭民の女中の頭が飛び去ったあと、胴体に布団をかぶせておいたところ、頭が胴体に戻れず、息も絶え絶えになった。だが、布団をどけると頭が胴体にくっつき、すやすやと寝息を立て始めたという。

　また別の伝承では、頭部が離れたあとの首に銅の円盤をかぶせておいたため、首が胴体に戻れずに死んでしまったといわれている。

人怪

　あ、ちょっと待ってください。日本にもいますよ、首が飛ぶ妖怪。日本にも首が伸びるんじゃなくて、切り離されて飛んでいく「抜け首」っていう妖怪がいます。

ワールドワイド・スーパーモンキー！
孫悟空

出身地：花果山　出典：『西遊記』（16世紀　編：呉承恩?）など　別名：孫行者、斉天大聖、弼馬温など

中国小説でもっとも有名な主人公

　孫悟空、と言えば、おそらく世界でもっとも名前が知られているであろう、中国の四大奇書小説のひとつ『西遊記』に登場する主人公のひとりである。西遊記は数多くの創作作品に影響を与えており、個性的なキャラクターたちや名前、設定、世界観などを参考にした作品は、まさに星の数ほど存在している。

　西遊記における孫悟空は、花果山という山の頂上にあった霊石が長い年月をかけて命を宿し、そこから裂け割れた石の卵から生まれた猿だ。作中では時折「石猿」と揶揄されているが、外見は火眼金睛のアカゲザル（ニホンザルに似た猿）である。

　孫悟空と言えば「人間より一回り小さな猿が着物を着て、頭には金の輪っか（緊箍児）、如意金箍棒を持ち、性格は少々乱暴だが義理人情に厚い猛者」という有りようが知られている。だが作品内で悟空がそのような人物になるのは、師である三蔵法師に出会ったあとのことである。三蔵に出会うまでの孫悟空は身勝手な乱暴者であり、さらには文字通り天地を揺るがす大騒動を引き起こした、とんでもない問題児でもあったのだ。

『西遊原旨（さいゆうげんし）』の挿絵より、孫悟空。

技術と武器は物語序盤で手に入れた

　物語の序盤、霊石から生まれた石猿（のちの孫悟空）は生まれつきの怪力で、花果山の猿たちのボスとして君臨し、仲間とともに楽しく過ごしていた。だがある日彼は「生きている者はいつかかならず死ぬ」と悟って悲しみ、不老長生を求めて旅に出たのである。そして神仙である須菩提祖師に弟子入りし、このときに石猿ははじめて「孫悟空」という法名を授けられた。

　孫悟空は祖師の下で仙術を学び、あっという間に七十二の変化の術を身に付けた。さらに雲に乗って高速で空を飛ぶ「觔斗雲の術」まで学んで、花果山へと戻ったのであった。作中で孫悟空があやつる分身、縄抜け、金縛り、変化など数々の術は、すべてここで学んだものだ。

　そして故郷である花果山が、混世魔王という化け物に荒らされていることを伝えられた孫悟空は、海の神である東海竜王敖廣の住む竜宮城へと赴き、宝物庫にあった如意金箍棒などの武器防具を強引にねだり取り、それで混世魔王を打ち倒したのである。

孫悟空が強い理由

　数々の術と如意金箍棒を手に入れた孫悟空は、そのあと「寿命が尽きた」と獄吏に告げられ、魂を地獄へと連れ去られるのだが、彼は獄吏に閻魔帳を持ってこさせ、そこに書いてある自身の死籍（寿命）を墨で塗りつぶして現世へと帰ってきた。この死籍を消すという行為で、孫悟空は決して老いることのない妖仙となったのである。

　不老の妖仙と化した孫悟空は天界から危険視されるようになる。天界は懐柔策として、まずは馬の番人「弼馬温」の官職を授けるが、孫悟空はその身分の低さを不満に思って逃げ出し、抗議する。次に天界は孫悟空の希望通り、新たに「斉天大聖」という官職を作って与えたのだが、これは特に職務のない形だけのものであった。しばらくは満足して天界で遊び過ごしていた孫悟空であったが、いたずら心から「蟠桃園」という桃園に実る不老不死の仙桃を食べ尽くし、仙酒仙肴を食い荒らし、さらには酒に酔って迷い込んだ宮殿にあった不老不死の仙薬、金丹をすべて呑んでしまったのだ。

　これによって決して老いず、天界の秘法を用いても傷付かない不死身の肉体まで獲得した孫悟空は、天界を乗っ取るべく下界の仲間を率いて大戦争を引き起こす。とてつもない力を得た孫悟空は、襲いかかる神々を次々に打ち負かしていくが、最終的には二郎真君（→ p40）に取り押さえられる。そして天界は孫悟空を死刑にしようとするのだが、天界最強の宝具を用いても悟空には傷ひとつつけられない。困った神々が釈迦如来に助けを求めたところ、如来は孫悟空に「私の手のひらから飛び出せれば、天界のすべてをやろう」という賭けを持ちかけて失敗させる。お前は私の手のひらの上からも出られないのだよ、と身のほどをわきまえさせた上で、釈迦如来は孫悟空を五行山という山の下敷きにして封印したのである。

三蔵法師の一番弟子

　孫悟空が封印されてから500年後、ついにその封印の解かれる時がやってくる。功徳を積み贖罪をするために、仏門へ入って三蔵法師の弟子となり、天竺へ経典を取りに行く旅への同行を、観世音菩薩に許されたのだ。

　それからの孫悟空は、同じく贖罪のために弟子入りした猪八戒、沙悟浄とともに、ときに喧嘩や仲違いをしながらも三蔵法師をよく守り、天竺への旅を続けていく。その過程で、孫悟空は言葉遣いも立ち振る舞いも礼節をわきまえた、立派な行者へと成長していくのだが、納得のいかないことに対しては、たとえ師匠であろうが仏であろうが食って掛かるという、短気な性格だけは最後までそのままであった。

　そして一行は襲い来る妖魔や障害と戦い、八十一の難を乗り越え、無事天竺から経典を中国に持ち帰った。三蔵と弟子たちは釈迦如来にその功績を認められ、全員が仏に、孫悟空は闘戦勝仏という名の仏になることを約束されたのである。

> 悟空はいいでブヒね。『西遊記』は合計100話で、わたくしと悟浄の加入は1話で片付けられているのに、悟空だけ7話も使ってもらってるんですから。主役だからっていい目を見て不公平ですとも。

つぎつぎ出てくる魔法の道具
金角&銀角

出身地：不明　出典：『西遊記』（16世紀　編：呉承恩?）

三蔵一行を阻む兄弟妖怪

『西遊記』で三蔵一行の行く手をはばむ妖怪のうち、牛魔王（→p140）とならんで有名なのが、金角と銀角の兄弟である。

彼らはもともとは、天上の太上老君が仙丹を錬る「金の炉と銀の炉」の番人だったためこの名で呼ばれている。彼らは5つの宝物を盗んで下界に走り、平頂山という山に棲み、多くの妖怪を従えて好き放題をしていた。ところがあるとき「天竺にありがたいお経を取りに行く高僧がこの近くを通るが、こいつの肉を食えば不老長寿になれる」と聞いて三蔵一行を狙い、物語に登場することになるのだ。

銀角は（西遊記の妖怪にはよくあることだが）自在に姿を変えることができ、傷ついた老道士に化けて三蔵一行に近づくが、一番弟子の悟空に見破られてしまった。そこで金角たちは取っておきの術を使い、仏教や道教の霊山、須弥山と峨眉山と泰山を呼び寄せて悟空を山の下敷きにし、そのあいだに三蔵と他の弟子たちをさらっていった。なんとか山の下から抜け出した悟空はカンカンに怒って兄弟を追ったのだが……実はこの金角と銀角の兄弟、たいへん強力な宝物を持っていたのである。

金角と銀角が持つ道具の数々

金角と銀角の物語は「魔法の宝物」と「知恵比べ」の魅力にあふれており、それゆえに『西遊記』のなかでも、古くから特に人気が高い一節である。

まずは赤いふくべ（ひょうたん）と玉の浄瓶（水差し）について。このひょうたんと浄瓶を使うには、口を下にして相手の名前を呼ぶ。相手は（それがたとえウソの名前でも）返事をしたが最後、中に吸いこまれ、しばらくたてば人も魔物も溶けてどろどろの膿になってしまう。そして幌金縄は、人に投げかけ、縄をしめる呪文を唱えると、縄が勝手に人を縛る。そしてゆるめる呪文を唱えるとほどける代物だ。

悟空は一度は幌金縄で縛り上げられるが、人のいないすきに得意の如意棒を鋼鉄のやすりに変え、縄を切って脱出。その後も一度はひょうたんに吸いこまれたが、「うわあ足まで溶けた腰まで溶けた」とおおげさな悲鳴をあげ、釣られた銀角がふくべの封を開けた隙に逃げ出した。最後は宝物を盗み出して、お返しとばかりに金角と銀角を浄瓶の中に吸いこんでしまったのである。

この兄弟、兄弟のくせにやることが全然ちがうんだよなー。
銀角は道具とか術をいろいろ使うんだけど、兄貴の金角は、銀角に命令しながら斬りかかってくるだけなんだよ。自分で術は使わねえのかな？

孫悟空最大のライバル
牛魔王
出身地：不明　出典：『西遊記』(16世紀　編：呉承恩?)　別名：大力王、平天大聖

巨大な白牛が人間サイズに

『西遊記』の主人公「孫悟空」は、かつて72の洞窟に住む妖怪たちと仲良くつきあい、「魔王」と名のつく主要な6人とは義兄弟のちぎりを結んでいた。そのひとりが牛魔王である。

牛魔王は技よりは力に長けた化け物で、いつもは二本足で歩いて服を着て、二本の牛の角を生やした人間のような姿で、頭は山のよう、目は稲妻のよう、角は二本の鉄塔、歯は刃を並べたようである。そして首は切られてもまた生えてくる。そして本性をあらわせば、たちまち体長千丈（3km強）の白い大牛となる。悟空と同じく七十二の変化の術を心得ているが、もと

悟空たちと戦う牛魔王。二足歩行形態の姿で描かれている。北京の観光地「長廊」の廊下絵より。

もとの体があまりにも大きいので、化けるのはそれほど上手ではない。

『西遊記』の物語中で、孫悟空と牛魔王は一時敵対するのだが、その後は和解して妖怪たちとの交友関係が復活。そのコネは三蔵一行の旅路で非常に役立ったという。

悟空との対決

孫悟空が牛魔王と対決したのは、三蔵一行が天竺を目指す往路の途中、火焔山と呼ばれる"燃える山"に行き当たったときだった。

燃える山の炎を消すための「芭蕉扇」を借りる交渉に失敗した孫悟空は、持ち主の「羅刹女」と戦闘になり、彼女を倒して芭蕉扇を手に入れたが、これは炎を消せない偽の芭蕉扇だった。本物の芭蕉扇は、羅切女の夫である牛魔王に羅刹女を説き伏せてもらえないと手に入らないという。悟空は変化の術を使って旧知の牛魔王に化け、羅刹女をだまして本物の芭蕉扇を手に入れたが、よせばいいのに正体を彼女にバラし、さんざん馬鹿にして立ち去ったのである。

もちろんこの行いに牛魔王は怒り、牛魔王は三蔵一行に戦いを挑み、悟空と変化の述を駆使して戦った。ふたりの戦いは互角であったが、天界から大軍勢が加勢したため、牛魔王は数に押されて降参したという。

牛魔王さんというのはどんな方なのですか？　あら、ワイルドでたくましい……悟空、こんな立派な人を策略でだましてはいけませんよ。芭蕉扇をお借りできるよう私が交渉に行きましょう。

illustrated by sakusaku

自慢のパワーで一撃粉砕！
雷震子

出身地：燕山（中国東部）　出典：『封神演義』（14世紀～17世紀　編：許仲琳）など

鳥の顔を持つ異形の仙人

中国の人気小説『封神演義』は、約3000年前に実際にあったという「殷王朝が滅び、周王朝が生まれた」革命戦争を舞台にした物語である。作中では仙人や道士、妖怪が、人間界と仙界を二分しての大戦争を繰り広げるのだが、その人間界側の主人公のひとり、殷王朝の地方貴族である「姫昌」という人物は、とある妖怪を養子としている。背中には羽根が生えており、口は鳥のクチバシという、日本で言う烏天狗のような姿をした彼の名は、雷震子という。

雷震子は屈強な体格の持ち主で、長さ5尺（120～150cm）の金色の棒「金棍」を振るって戦う。

中国の図会集に収録されている、雷震子の姿絵。

この金棍は仙人が使う呪術兵器「宝貝」のひとつであり、わずか一撃で巨大な岩山の半分を粉々に吹き飛ばすほどの力を秘めている。また、背中の羽を使っての高速飛行が可能で、作中では「風や雷のような速さ」とたとえられる。彼は武勇と速さをあわせ持つ、きわめて優秀な戦士なのである。

普通の人間から異形の戦士へ

普通の赤ん坊として姫昌に拾われた雷震子は、彼の100人目の養子となった。だがその直後「雲中子」という仙人に預けられて仙人としての修行をはじめる。雷震子は父の顔どころか存在すら知らないまま育ったが、7年後、彼の養父である姫昌が窮地にあることを師から告げられ、父を助けるよう命じられる。

若干7歳。修行不足におじけづく雷震子に対して、雲中子はすぐ近くの崖へ武器を探しに行くよう指示した。そこで雷震子はとてもよい香りのするふたつの杏の実を見つけ、それを食べたところ、背中から羽根が生えはじめ、歳相応の男児から、先述した大柄の烏天狗のような姿へ変化した。その姿こそお前の武器だと喜んだ雲中子は彼に宝貝「金棍」を授けて戦いに送り出したのだ。彼は特にその飛行能力を生かして戦いの最前線で活躍し、物語の最後まで生き残っている。

こ、今度はクール系イケメンですって……!?
たてつづけにふたりも来るなんて、心の準備が間に合わないではないですか……いいえ、べ、別に興味なんてありません！　本当ですよ!?

淮南子「海外三十六国」の奇妙な外国人

この『淮南子』という本には、中国の周囲に住んでいる外国人の特徴が書かれています。こんなに姿が違っていては、もう妖怪と呼んでもいいのではないですか？

『淮南子』とは、紀元前2世紀の中国でまとめられた、当時の中国思想の集大成と呼ぶべき文献である。

この文献には「海外三十六国」という項目があり、中国の東西南北に住んでいる人種について語っているのだが……これがどれも、現実にはありえないような奇怪な姿の人種ばかりなのだ。その一例を紹介しよう。

「海外三十六国」の異形人種

貫胸人（かんきょうじん）
胸の真ん中に穴が空いている人種。身分の高い者は、この穴に棒を通し、上の画像のように担がせて移動するという。

羽民（うみん）
背中に翼が、全身に羽毛が生えた人種。鳥のくちばしを生やし、眼が赤いとする文献もある。中国の南東に住んでいる。

無腸人（むちょうじん）
別名を無腹。中国の北方に住んでいる人種で、見た目は人間とよく似ているが、背が高く、腹の中に内臓が入っていない。

「海外三十六国」の代表的な異形人種

一臂（いっぴ）	人間を縦半分にしたような外見で、本来2個あるべき身体のパーツがひとつしかない。
三身（さんしん）	ひとつの頭から、身体が3つ生えている。
丈夫（じょうふ）	男しかいない国。子孫は身体から生じさせる。
結胸（けっきょう）	人間の姿だが、胸が極端に大きく突き出ている。
交股（こうこ）	交脛人とも。常に足の脛が交叉している。
家喙（かかい）	家のような口をしている。
反舌（はんぜつ）	岐舌人とも。舌がふたつに分かれている。
玄股（げんこ）	腰から下が黒く、魚の皮の服を着ている。カモメを食べる。ひとりずつが2羽の鳥を使役している。
一目（いちもく）	目が顔の真ん中にひとつしか付いていない。
柔利（じゅうり）	手と足が1本ずつしかなく、全身に骨がない。
無継（むけい）	ふくらはぎがない、あるいは骨がない。性別がなく、また死んでも時間が経てば蘇る。

人怪

入学歓迎!
天竺妖怪専門学校

悟空、八戒、悟浄、玉龍……。
いまこそ万願の叶うときが
来ましたよ。
……ええ、そうです、カレーです!
ついにカレーについたのです!
さっそく天竺を
食べに行きましょう!!

三蔵様、逆逆〜。カレーと天竺がごっちゃになってんぞー。
しーっかし長かったなー。三蔵様がまっすぐ歩いてくれてれば、カレー食って中国に帰ってまたカレー食いに来てるころだぜ……。

ピカーッ!!

うぉっ!! まぶしっ!
いったいなにごとですかぁ!?
三蔵様、悟空兄貴、まわりに気をつけてください、ブヒーッ!!

お釈迦様はなんでもご存じ
妖怪のことを教わろう！

悟空、八戒、いま何か光りましたね？
悟空も見たでしょう、ほら、何が光ったのか見にいきますよ！
たしか……こっちでしたね！

いや、だから三蔵様、光ったのはそっちじゃなくってこっち……。
ってうわぁ!? あなた様は!?

はじめまして、三蔵。
よく天竺までたどりつきました。
ほめてさしあげましょう。

釈迦如来

インド出身の仏教の開祖で、通称「お釈迦様」。完全な悟りを開いてはじめて「仏」となった人物で、世界中の仏教の信者をいろんな道に導いている。

あなたたちの旅は見ていましたよ。ずいぶん遠回りをしたようですが……。
コホン、ともかく無事に到着できてなによりでした。あなたたちの気高い意志に、ひとつ褒美を差し上げたいと思うのですが。

それだったら、なんかほら、妖怪対策を教えてくれよ。
ここまでくるあいだ、妖怪どもが三蔵様の肝をよこせ肝をよこせーってうじゃうじゃ湧いてきてよ、いちいち相手にしてらんねえって。

ええ、結構ですよ。
それでは、この世に存在する妖怪たちについて、あなたたちの役に立つ話をして差し上げましょう。

ありがとうございます、お釈迦様。
無事に帰れるように、いろいろ教えてください。

お釈迦様の ありがたいお話3題

そうですね……それでは、
帰り道で妖怪に惑わされないように、
こんなお話をしてさしあげましょう。

お題その1 中国を生み育てた神について

人間と妖怪たちが住む中国という国は、独自の神話を持ち、偉大な神々によって作られた世界です。まずは人間と妖怪について知る前に、世界の成り立ちを把握しておきましょう。中国を作った神々と、世界が作られていった過程「中国神話」について、基本的な内容を紹介します。

お話は 148ページから！

お題その2 あやかしを語る書物について

中国の妖怪について書いた文献には、真面目な学術書として書かれたものもあれば、娯楽のために書かれたものもあります。このように多彩な文献があるからこそ、中国の妖怪文化は豊かなものになっているのです。ここでは、妖怪を紹介した中国の文献について紹介します。

お話は 156ページから！

お題その3 死せる魂のゆくえについて

中国では、死者の魂や、死者の肉体が動き出したもののことを「鬼」と呼んでいます。鬼の種類はあまりにも多いため、本書のカラーページでは122ページの「僵尸（きょうし）」をのぞいて、「鬼」を紹介していませんでした。ここでは「鬼」の生まれる仕組みや、多彩な「鬼」たちを紹介します。

お話は 164ページから！

みんな、お皿は持ちましたね？
じゃ、美味しいカレーとありがたいお話……
いただきます！

148ページから、ありがたいお話のはじまり！

はじめに知っておこう！
中国の神話

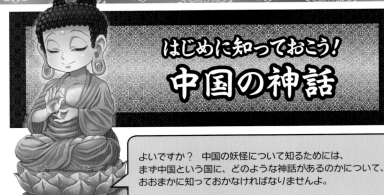

よいですか？ 中国の妖怪について知るためには、まず中国という国に、どのような神話があるのかについて、おおまかに知っておかなければなりませんよ。

中国の歴史をさかのぼってみよう！

中国の神話は歴史とつながっているんですって！
どこでどうつながっているのか、時間をさかのぼって確かめますよ！

『西遊記』は、この時代に書かれたらしいぜ！

日本でも有名な『三国志』の時代ですね。

	380年前	650年前	950年前	1400年前	1800年前	2200年前
現代 中華人民共和国 中華民国	清（しん） 明（みん） 元（げん）	宋（そう） 五代十国（ごだいじゅっこく）	唐（とう） 隋（ずい）	南北朝（なんぼくちょう） 晋（しん） 三国（さんごく）	漢（かん）	秦（しん） 戦国（せんごく）

そのころ日本は……？

織田信長

元寇

聖徳太子

金印

中国の神話は歴史につながっている

　現在の研究では、実在した可能性がある中国最古の王朝は、いまから3600年ほど前にあった「夏」という王朝だとされています。

　神話によれば、この王朝は「禹」という伝説上の人物が作ったものだとされています。つまり「夏」王朝の時代は、神話と歴史的事実が入り交じった時代であり、それ以前は完全に神話の時代となっているのです。

　中国の神話時代は、「盤古」の時代と、「三皇五帝」の時代に分かれています。

盤古神話　150ページ

中国神話の世界をつくりだした原初の神「盤古」の誕生と死を描く神話です。

三皇五帝神話　152ページ

盤古なきあとの中国を統治した偉大な8人の帝王、三皇五帝の時代を描く神話です。

仙人がバリバリ戦う『封神演義』の舞台って、こんなに古い時代だったのですか。

ここから神話時代

春秋	周	殷	夏	五帝時代	三皇時代	世界の誕生
	2790年前	3500年前	3600年前	4080年前		

稲作始まる

中国の神話って、こんな昔の話なのかー！

盤古神話
よりぬき！中国神話 その⑪

　中国や日本では、世界がどのように生まれたのかを説明する神話のことを「天地開闢神話」と呼んでいます。中国には複数の天地開闢神話がありますが、そのなかでも特に有名で、多くの文献で紹介されているのが、「盤古」という原初の神を主人公にした神話「盤古神話」です。

その1　最初に生まれた巨人

　盤古が生まれる前、世界は卵のような形をしていました。盤古はこの卵形の世界のなかに生まれて、1万8000年のあいだ眠ったまますくすくと成長したといいます。
　ある日、盤古は突然目覚めて目を開けてみますが、卵の中には粘ついた黒い物体が満たされていて何も見えません。盤古はその閉塞感にイライラして、どこからともなく取り出した手斧で、卵の殻を内側から破壊したのです。

その2　世界になった巨人

　卵の殻が割れると、その中身が上下に分かれて天と地ができました。盤古は大地を足で踏みつけ、天を手で持ち上げて支えました。
　盤古が成長するにつれ、天と地の距離はどんどん離れ、現在のような天地が完成します。そのあと、天と地の位置が完全に固定されるのを見届けた盤古は、地に倒れて死亡しました。盤古の死体は、世界を作るさまざまなものに変化したといわれています。

盤古の遺体が変じたもの

- 頭：五岳（p72）
- 左目：太陽
- 右目：月
- 涙：川
- 呼気：風
- 声：雷
- 血液：海
- 毛髪：草木

実は"新しい"！ 盤古神話

　盤古神話の内容は「中国の世界ができた経緯」だそうですが、実はこの神話はかなり新しいものなのです。3世紀ですから、今から1800年前ですねえ。「三皇五帝」の神話はもっと古いものばかりですから……ブヒ、どうにも「後付け」で作ったものではないかという印象が消えないのですよ。

盤古以外の天地開闢神話

天地開闢の神話としてもっとも有名なのは「盤古」の神話ですが、それ以外にも、天地を作った神々の神話は残っています。
もっとも、盤古と比べると、規模が小さいのですけれど。

『淮南子』の陰陽神話

古代中国の思想書『淮南子（えなんじ）』によれば、かつて世界は深く暗く混沌としていましたが、そこに陰と陽の大神が生まれ、世界を陰と陽に分け、天地や8つの方位を定めたといいます。神の名前すら書かれないこの神話は哲学的すぎて、あまり広まりませんでした。

この神話で作られたものは……
・陰陽の概念
・天と地
・8つの方位

九元真母の神話

九元神母（きゅうげんしんぼ）は、別名を「巨霊（きょれい）」ともいい、山を作り河をわき出させた偉大な存在です。中国の大河「黄河」が、華山（かざん）（→p72）という険しい山のあいだを貫くように流れているのは、この九元神母という神が、山を手足でかき分けて河の通り道を作ったからだといいます。

この神話で作られたものは……
・華山という山
・黄河の通り道

あなたたちが112ページで見てきた燭陰や、110ページの女媧も、世界を作った神だといって間違いではありません。

ですが、あくまで世界の一部を作っただけでございましょう？ 盤古様と比べるとスケールが小さく感じますなあ。

中国以外だと天地開闢の神話がどうなってるのかを調べてみたぜ。だいたい右みたいな感じだな。

おっ、なんだなんだ、こっちの神さんたちはやってることが派手じゃねーか。やるな、ヨーロッパ！

うーん、よそにくらべると中国人は、世界の成り立ちにあまり興味を持っていなかったのかもしれませんねえ……。

中国以外の神話における「肉体が世界を作った」神々

・ユミル
　北欧神話の世界で最初に生まれた巨人。ユミルの体から生まれた神に殺され、世界の材料になりました。

・ティアマト
　中東のバビロニア神話出身の母神です。ユミルと同様、自分たちの子供に殺害されて世界の材料にされています。

・プルシャ
　目と頭、足をそれぞれ1000ずつ持つインド神話の巨人で、上の2人と同じく、彼も自分の体から生まれた神々に殺されています。

よりぬき！中国神話 その②
三皇五帝神話

　天地が開闢し、空と大地が定まったあと、世界は8名の帝王によって統治されていました。この8名の支配者のことをまとめて「三皇五帝」と呼んでいます。

　三皇五帝時代の終わりをもって、中国の「神話時代」は終了し、実在した王朝による歴史の時代が始まるのです。

世界を治めた「8人の帝王」

　神話時代の中国は、8名の帝王に順番に統治されていました。彼らは人間を造り、稲作、火、医療、治水技術などを教え、人間を文明的な生物に育てあげました。

　彼ら「三皇五帝」が治めてきた中国は、やがて人間の王に引き継がれます。この王が起こした王朝が、実在する可能性がある最古の王朝「夏王朝」です。

　余談ながら「皇帝」という称号は、秦王朝の「始皇帝」が、自分が三皇五帝より偉大な存在だとアピールするために、「皇」と「帝」から作り出したものです。

天地開闢 → 三皇の時代（伏羲・神農・女媧） → 五帝の時代（黄帝・顓頊・嚳・堯・舜） → 中国最古 夏王朝

「皇」とは？　「皇」は神に等しい力を持つ支配者です。外見は、人間の特徴と動物の特徴をあわせ持っています。　伏羲

「帝」とは？　「帝」とは、人間に近い外見ですが特別な能力を持っている、例えるなら仙人や聖人に近い存在です。　黄帝

「三皇五帝」なのに8名以上いる!?

三皇五帝ということは、「皇」が3人、「帝」が5人いるのですよね。……あら？ お釈迦様、わたくし目がかすんでしまったんでしょうか……。なんで10人以上「三皇五帝」がいるのです!?

「三皇」や「五帝」という言葉は、中国の歴史書や哲学書にしばしば登場しますが、三皇と五帝の個人名は、資料によってまちまちです。つまり、誰が三皇で誰が五帝なのかという設定が、文献ごとに違い、まるで一定しないのです。以下の表に、中国の代表的な文献における三皇五帝の名前を、一覧表にしてまとめました。

	伏羲	神農	女媧	祝融	黄帝	少昊	顓頊	嚳	堯	舜	禹	湯
『史記』など	A	C	B		1		2	3	4	5		
『戦国策』など	1	2			3				4		5	
『白虎通』	A	B		C								
『帝王世紀』	A	B			C							
『三統経』						1	2	3	4	5		
『礼記』『淮南子』	1	2		3	4	5						

ABCは三皇、12345は五帝。『史記』には、三皇を天皇、地皇、人皇とする説も併記されている。

三皇五帝時代の、「三皇五帝」以外の神話

三皇五帝の時代は、神々と人間と妖怪がともに暮らしていた時代でした。そのためこの時代の神話には、三皇五帝以外にも多くの神や妖怪が登場します。以下にあげる3点は、そのなかでも特に有名なものです。

羿の怪物退治

五帝の「堯」の時代、太陽が10個同時に天にあがり、地上が灼熱地獄になるという事件がありました。伝説的な弓の名手である羿という男性（→p18）が、太陽10個のうち9個までを撃ち落としたため、地上は平穏を取り戻しました。

牛郎織女

日本では「織姫と彦星」という名前で有名な神話です。機織りの名人だった女神が、牛飼いの男性神と結婚したとたん機織りをやめてしまったため天帝の怒りを買い、年に一度の七夕の日にしか夫と会えなくなったという民間伝承です。

九天玄女

九天玄女は、戦術と兵法の伝道者として知られる女神です。鳥の体から人間の頭が生えた姿で描かれていました。

五帝の黄帝は彼女から、性的交わりによって力を得る「房中術」の奥義を学んだとされています。

"三皇五帝"全リスト

人間たちは、「三皇五帝」とは誰なのかをはっきり決めていませんでした。ですからここでは、のちに「三皇五帝」だとされた神と人物をすべてまとめて紹介していますよ。

伏羲(太昊) 三皇／五帝

蛇の体を持つ男性の神

ほぼすべての文献において、この伏羲と神農が三皇の最初のふたりだとされています。伏羲は下半身が蛇の男性の姿で、釣り、文字、武器の製造法などの技術を発明しました。

神農(炎帝) 三皇／五帝

毒と薬の効能を身をもって示す

医術と農業の守護神。その体は頭と手足以外が透明になっており、内臓が外から見えていました。神農はさまざまな薬草と毒草を食べ、その薬や毒がもたらす効果を人々に教えたといいます。

女媧 三皇

人類を作った蛇神の女神

女媧（p110）は伏羲の妹または妻ですが、三皇のひとりに数えられることもあります。泥をこねて人間を生み出したり、五色の石などを使って天空を補修した神話が知られています。

天皇、地皇、人皇 三皇

天地人の三才をつかさどる

中国では「天・地・人」の3つの要素を「三才」と呼んで尊んでいます。三皇をこの3人とする思想は、この三才思想から生まれたものです。ちなみに人皇は「泰皇」と呼ばれることもあります。

祝融 三皇

獣面人身の炎の神

炎帝（神農）の子孫であり、火をあやつる女神として多くの神話に登場します。彼女を三皇だとする文献はまれで、多くの神話では三皇に従う有力な神として描かれています。

黄帝 三皇／五帝

すべての帝王の祖先

三皇から帝位を受け継いだ初の人間の帝王。医学の始祖として現在でも尊敬を集めています。彼をのぞく五帝は全員黄帝の子孫であり、のちの時代の皇帝たちもみな黄帝の子孫を名乗りました。

三皇五帝のリストが食い違うわけ

153ページの表を見りゃわかるが、三皇五帝のメンバーリストは、文献によってぜーんぜん違う。なんでかと思って親父に聞いてみたんだが、どうも"昔中国を支配していた「三皇」と「五帝」"っていう概念のほうが先にあって、「じゃあ三皇と五帝はいったい誰なんだ」っていう話は後回しにされてたらしい。それであとから「これが三皇だーこれが五帝だー」ってやったから、内訳がめちゃくちゃなんだな。

顓頊（せんぎょく） 五帝
偉大な帝王「黄帝」の後継者

黄帝の孫で、共工（➡p102）との激しい帝位争いに勝利して、偉大な黄帝の跡を継いで帝王となりました。『史記』には、知恵深く、物静かで奥ゆかしい人柄だったと記されています。

嚳（こく） 五帝
名君「堯」の地味な父親

別名「高辛氏（こうしんし）」。顓頊の跡を継いで帝位に就き、その徳の高さゆえに世の中がよく治まったとされています。彼の死後は長男の摯が帝となり、その死後は次男の堯が帝位を継ぎました。

堯（ぎょう） 五帝
儒教の理想「禅譲」の体現者

儒教の理想とされる、帝王がすぐれた徳を持つ者に帝位を譲る「禅譲（ぜんじょう）」をはじめて行ったとされる人物。堯は多くの部下を用いましたが、舜という者の徳を評価して帝位を譲ったといいます。

舜（じゅん） 五帝
すぐれた人柄で世界を治める

隙あらば自分を殺そうとする父親に対しても孝行を続けたことから、帝王の堯に気に入られ、摂政（せっしょう）の座についた人物。堯が政治を行うと朝廷から悪人が消えたため、堯は舜に帝位を譲りました。

禹（う） 五帝
竜の血を引く治水の達人

中国最古の「夏（か）」王朝の創始者。五帝のひとり顓頊の孫で、中国の最高神「天帝（てんてい）」の命令を受けて黄河の治水工事に成功。先の帝王「舜」から帝位を授かったといわれています。

湯（とう） 五帝
殷王朝の初代皇帝

暴虐な政治を行っていた夏王朝の皇帝「桀（けつ）」を追放し、新しい王朝「殷（いん）」をひらいたとされる帝王。三皇五帝のリストにあげられている人物のなかで唯一、実在した可能性が高い人物です。

155

妖怪退治は先人に学べ！
中国の妖怪文献

よいですか、三蔵。妖怪の襲撃に立ち向かうには、襲ってくる妖怪の特徴を知っていると有利です。妖怪について書いてある中国の文献をいくつか教えましょう。これで妖怪の弱点をつくのです。

なるほど！　わかりました！
たとえば大きな目の妖怪が出てきたら、目玉にカレーをぶっかければ効果大ですね！

……そうですね。
活用のしかたはあなたたちにまかせます。
しっかり読んでいきなさい。

かしこまりましたブヒ～。

ま、気楽にいこうぜ三蔵様！
また変な妖怪が襲ってきたら、オレがぶん殴って退治してやるからさ！

妖怪はどんな本に書かれているの?

中国には、妖怪の特徴や活躍ぶりが描かれている文献が多数ありますが、その大部分は、右にあげた3つの種類に分類することができます。

この章「中国の妖怪文献」では、妖怪を紹介している文献の特徴と、そこに掲載されている妖怪の傾向、代表的な文献の例を、文献の種類ごとに3つに分けて紹介していきます。

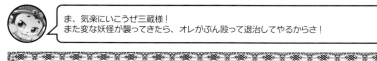

地誌、本草誌　158ページ

志怪小説　160ページ

通俗小説　162ページ

文献紹介の読み方

ここから始まる妖怪文献の紹介では、このような内容を話します。どこに何の情報が書かれているのかをわかってから読み始めると、内容を簡単に理解できます。

最初に、妖怪が登場する文献の種類と、その文献の特徴をまとめました。

その分野を代表する文献を3冊選んで、内容や、作中に登場する妖怪などを紹介します。

文献そのものの特徴、成り立ちなどを、おおまかに解説します。

その種の文献に登場する中国妖怪が持っている、いくつかの共通点を紹介します。

お釈迦様、ありがとうございます。
これだけの情報があれば妖怪の襲撃も怖くないですね！
ぜひ帰りの旅路に生かさせていただきますよー。

日本語で読める！ 中国の妖怪文献

これからの「中国の妖怪文献」のページでは、中国を代表する9点の妖怪文献を紹介するわけだ。でもここで紹介するのはあくまでざっとした内容だけだからな、興味が湧いたらちゃんと本物を読んでみるといいぜ。

ん、言葉はどうするのかって？ 安心しなよ、ちゃんと日本語に翻訳されたものが出てるからよ。特に「平凡社」っていう出版社が出している《中国古典文学大系》っていうシリーズには、今回紹介した本のほとんどが載ってるしな。くわしくは189ページの参考資料リストを見てみるといいぜ！

妖怪退治に役立つ文献　その⑪
地誌、本草誌

本気度：★★★　壮大さ：★★★　哲学度：★★★

昔の人は、「実在の生き物」と「妖怪」の区別がぜんぜんついてなかったらしいのね。真面目な学術書に、龍だとか妖怪だとか、なんで架空の生物が書かれているのかと思ったら、そういうことらしいの。

世界の自然のなかに生きる妖怪たち

　地誌とは、世界の特定の地域がどんな地形、気候、人種、産業、歴史、文化を持つのかを研究しまとめた、地方の研究書です。地誌には「その地方に住む動物」について書いているものも多く、妖怪が「実在する動物」として紹介されていることがあります。

　本草誌とは、世界中に存在するあらゆる物質、植物、動物などを薬として利用する方法を説明する本、すなわち薬学書です。無数に存在する漢方薬のなかには「妖怪の体の一部である」と考えられていたものもあり、その説明のために妖怪の生態も書かれています。

地誌、本草誌に登場する妖怪の特徴

①　"理屈っぽい"妖怪が多い！

地誌や本草誌には、架空の生物がいっぱい紹介されておりますよ。儒学者や道教の研究者が、自分が信奉する学問の理論を表現するために作り出したのです。そのせいで妙に"理屈っぽい"特徴を持つ妖怪が多いのですねえ。

②　人型の妖怪が多い！

中国の人間たちは、中国の外には異形の民族がいると信じていたのですよ。ですから、腕がないとか頭がないとか、体に大穴が空いているような、異様な外見をした人型種族を数多く生み出したのです。

代表的な地誌、本草誌

中国最古の「地誌」
山海経(せんがいきょう)

著者：不明
年代：紀元前4世紀
　　　～紀元3世紀
　　　ごろ

　中国各地の動物、植物、鉱物などを紹介した地誌です。今から1700年以上前の文献ですが、絵地図と文章の組み合わせで内容を紹介するという先進的な作りでした。ですが原本が失われているため、現存する写本に描かれた妖怪の姿は、後世の著者が文章から想像して描いたものです。

中華を取り巻く三十六の妖怪国家
淮南子(えなんじ)

編者：劉安(りゅうあん)（淮南王）
年代：紀元前2世紀

　中国の淮南(わいなん)地方を任されていた劉安という皇族が、2000年前の中国で主流だった思想について、各界の学者を招いて書かせた文献です。この本には中国をとりまく架空の国「海外三十六国」(→p144)を紹介する章があり、異形の外見を持つ妖怪的な民族が多数紹介されています。

妖怪の身から薬がとれる
本草綱目(ほんぞうこうもく)

著者：李時珍(りじちん)
年代：1578年

　漢方薬の本場である中国では、薬学のことを「本草学(ほんぞうがく)」と呼んでいました。この本は歴史上もっとも内容が充実した本草書で、日本でも原語版と日本語訳が広まりました。薬の材料になる生物が絵付きで解説されており、そのなかには実在しない妖怪の姿も多数見られます。

うへぇ、人間って妖怪からも薬を取るのかよー。
"孫悟空の鼻毛"とか、よってたかって抜かれたくないもんなあ。
オレも気をつけないと。

妖怪退治に役立つ文献 その②

志怪小説

本気度：★★☆　身近さ：★★★　噂話度：★★★

> この志怪小説というのは、要するに怪談話集なのですね。日常生活のなかに、こんな妖怪がいるのだと思うと怖くなってきます……悟空、悟空、ちょっとそこまでついてきなさい……トイレじゃないですってば！

小説＝「とるにたりない話」

　小説と聞くと、日本人が思い浮かべるのは、文学的価値の高い、あるいは娯楽のために書かれた架空の物語でしょう。「小説」という言葉は中国生まれの単語ですが、本来この言葉は架空の物語を指すものではありません。

　中国の哲学書『荘子』には「小説を飾り以て辞令を幹とし、其れ大達すること亦た遠し」という文章があり、小説という言葉は「とるにたりない話」という意味で使われています。また中国の歴史書『漢書』によれば、小説とは「ちまたで語られたつまらない話」だと定義されています。

中国最古の現存する書庫「天一閣」に補完されている、『漢書』の木版本。14～17世紀、明時代のもの。

　志怪小説の「志怪」とは、歴史書や論文などの堅苦しい内容ではなく、「ちまたで話されていた怪しい話」という意味です。つまり志怪小説は「街の怪しい噂話集」であり、現代の小説のような架空の物語とはまったく違うものなのです。

志怪小説の妖怪の特徴

①動物系、死者系の話が多い

人間たちにとって身近な存在が、実はとんでもない力を持つ妖怪だった！　おお恐ろしい！　……というのが志怪小説に語られている物語の大部分です。ですから、人間にとって身近な動物、あるいは人間自身が妖怪になりますねえ。

②かならず人間と関わる

志怪小説というのは、人間たちが、自分の身の回りで起きた不思議なことをまとめたものですからねえ、「地誌」の妖怪とは違って、どの妖怪もかならず何らかの形で人間たちと関わりを持っていますよ。

代表的な志怪小説

最古の志怪小説
捜神記(そうじんき)
年代：4世紀

　東晋という王朝の政治家だった「干宝(かんぽう)」という文人が、過去の文献や自分自身が見聞きした逸話をまとめたものです。470編あまりの噂話の内容は、神仙、死からの再生、妖怪などきわめて多岐にわたっています。

『捜神記』には、別の作者が書いた続編もあるそうですよ。『捜神後記』という題名だそうです。
わざわざ名前を借りた本を出すくらい、志怪小説が盛んな時代だったのですねえ。

南北朝時代の代表作
述異記(じゅついき)
年代：5世紀

　中国が南と北で2個の王朝に分かれていた「南北朝時代(なんぼくちょう)」に、中国南部を支配する梁(りょう)王朝でまとめられた志怪小説。作者は梁の文人「任昉(じんぼう)」だとされていますが、任昉の時代より後の記述もあり、その来歴には謎が残る志怪小説です。

「祖沖之」という方が書いた同名の本もあるのでご注意を。この祖沖之さん数学の天才でして、円周率を小数点以下6桁まで計算したり、球体の体積を求める計算式を作ってますよ。

全503編の妖怪伝承
聊斎志異(りょうさいしい)
年代：17～18世紀

　清王朝の時代に書かれた、中国でも非常に有名な志怪小説。聊斎志異の聊斎とは筆者である蒲松齢(ぼしょうれい)のペンネームであり、聊斎が書いた（志）、怪奇現象（異）の物語集という意味があります。全503話という圧倒的ボリュームが特徴です。

漫画家の手塚治虫先生は、聊斎志異を現代風にした『新・聊斎志異』という短編漫画集を描いているそうです。
『聊斎志異』の怪談と現代の世の中をつなげたお話だそうです、読んでみたいなあ。

中国の民が信じていた妖怪は、志怪小説がなければ現代に残っていなかったでしょう。昔の人たちが何を考え、何を怖がっていたのか知ることもよい経験です。

妖怪退治に役立つ文献 その③ 通俗小説

本気度：★☆☆　痛快度：★★★　派手さ：★★★

通俗小説は、読者を楽しませるための小説だから、スリリングな展開が次から次へとやってきて、すぐに次のページをめくりたくなってしまいます。悟空！　次のお話はどこなの？

現代の「娯楽小説」のご先祖様

前のページで紹介した「志怪小説」が噂話集なら、この「通俗小説」は、最初から作り話や事実の脚色であるという前提で書かれている、娯楽目的の物語です。なかでも特に中国で人気があった小説は「中国四大奇書」と呼ばれており、右にあげたとおり日本でも広く知られているものです。

通俗小説は中国だけでなく日本にも輸入されて読まれており、「小説」という言葉はこの通俗小説によって日本に広まりました。日本において「小説」という単語に架空の物語という意味合いがあるのは、通俗小説の影響が強いと言えます。

中国四大奇書とは？

西遊記（右参照）

三国志演義（明王朝時代）
漢王朝が滅び、「魏・呉・蜀」の三国がしのぎを削った時代を描く、脚色された歴史小説。

水滸伝（明王朝時代）
汚職がはびこる王朝と、それに反発する反乱軍との戦いを描いた作品です。

金瓶梅（明王朝時代）
『水滸伝』の23〜27話のできごとをくわしく書いた派生作品。男女の性を描く官能小説の一面を持ちます。

通俗小説の妖怪の特徴

①視覚的に派手な能力

講談師が口で語ったり、京劇という劇で演じたり……通俗小説に出てくる妖怪は、このようにほかの人間に「見せる」「イメージさせる」ことを意識してつくられております。ですから派手な能力の持ち主が目立ちますねぇ。

②種族よりも「個人名」を持つ妖怪多し

物語の登場人物として作られた妖怪だからでしょうねぇ、通俗小説には個人名を持っている妖怪や、その者以外に似たような者がいない「単品」「個人」の妖怪がとても多いのです。わたくし八戒などその典型では？

代表的な"妖怪の出る"通俗小説

お経をもとめていざ天竺(インド)へ！
西遊記(さいゆうき)

編者：不明
原話の年代：13世紀ごろ

7世紀の中国に、仏教発祥の地であるインド（天竺）までお経を書き写しに行った「玄奘三蔵(げんじょうさんぞう)」という僧侶が実在しました。この三蔵の活躍をテーマにしたいくつもの民間伝承を、ひとつの物語としてまとめたのが『西遊記』です。

仙人と妖怪の仁義なき戦い！
封神演義(ほうしんえんぎ)

編者：許仲琳(きょちゅうりん)？
原話の年代：16世紀ごろ？

物語の創作当時、中国最古の王朝とされていた「殷王朝(いん)」の滅亡と「周王朝(しゅう)」の建国をテーマにした作品です。歴史の舞台裏で多くの仙人や妖怪が暗躍していたという設定のもと、魔法のような力を持つアイテム「宝貝(パオペエ)」を駆使して戦います。

官軍 vs 妖怪反乱軍
平妖伝(へいようでん)

編者：羅漢中(らかんちゅう)など
原話の年代：14世紀

西暦1047年に実際に起きた、王則(おうそく)という軍人の反乱を題材にした物語。王則の反乱を正義の決起だと位置づけ、王朝側が繰り出す討伐軍を、王則の新妻で妖狐の転生体の「胡永児(こえいじ)」など数々の妖怪が、妖術で撃退していく物語です。

へえ、オレたちのお話もなんだな。
ほかの話にはどんな妖怪が出てくるんだろうなー。
いっぺん腕試ししてみたいぜ！

中国の怪異 "鬼"

さっき菩薩様が鬼っていう字を指して「き」「き」って言ってましたけど、どういうことですか？
鬼って「おに」ですよね？

"おに" ぃ？ なんだそれ、聞いたことねえなあ。

悟浄、それは「にほんご」というやつの読みではありませんか？
中国で「鬼」という字は、"き"と読むのです。死んでしまった人間が、何らかの理由で妖怪のような存在になったものですよ。

そ、そうなんですか。
なんだか日本の "鬼" とはずいぶん違うような……!?

"鬼"…死者が変じた怪異

中国の漢字の多くは象形文字といって、ものの形をかたどって描いたものです。「鬼」という漢字も象形文字で、頭蓋骨に生前の毛髪がこびりついた白骨死体、あるいは死者の首を持って踊る人間を描いた文字だといわれています。

つまり中国において、「鬼」という文字は、死んでしまった人間のことをあらわす文字なのです。

日本画家、久保田米僊の画集『夜想奇談』より。縊鬼。

ちなみに妖怪のなかで「鬼」だけ特別扱いしたのは、日本の「妖怪」の定義では、霊は「妖怪」に含まないからだ。中国じゃ妖怪も鬼も扱いに違いはないんだが、まあ読んでる日本人への配慮だと思ってくれよ。

同じ"鬼"なのになぜ違う?

三蔵様たちは「鬼」っていえば、亡くなった人間が妖怪になったものだって教えてくれましたけど、ボクのいた日本だと、「鬼」って、幽霊とはぜんぜん違う生き物なんです。

3種類の"鬼"特徴

中国の鬼

左のページでも説明したとおり、中国において「鬼」とは、死んでしまった人間の肉体や精神が、死後も活動しているもののことを指します。「動く死体」や「幽霊」などが中国の「鬼」の代表格です。

仏教の鬼

仏教において「鬼」と呼ばれるのは、死後の世界である地獄の住人です。生前の行いが悪く罰を受けている死者、その死者たちを責め苦しめる役目を与えられた者「獄卒」などが「鬼」と呼ばれます。

日本の鬼（おに）

日本において「鬼」といえば、赤、青、緑などの派手な体色に、頭から角を生やし、虎革の腰巻きを身につけた、たくましい男性型の妖怪です。彼らは異世界または地上に住み、死後の世界とは関係がありません。

日本の"鬼"ができるまで

まず仏教の経典が中国語に訳されたとき、地獄の住人を中国土着の「鬼」という字で表現することになりました。

一方日本では、正体不明の怪物のことを「隠（おぬ）」と呼んでいました。これが中国の「鬼」と融合して「おに」と呼ばれます。

最後に日本で、仏教の「鬼」が日本土着の「おに」と合体し、獄卒の姿をした「鬼（おに）」が生まれたのです。

```
インド仏教の      中国の鬼       日本の
地獄の住人                      "おぬ"
      ↓            ↓             ↓
   中国仏教の              正体不明の
     "鬼"                   "おに"
         ↓                   ↓
          → 日本の"鬼"の完成 ←
```

人間を形作る"魂魄"とは？

「鬼」についてくわしく知るためには、まず人間の魂について知る必要があるでしょう。
中国では、人間の魂のことを「魂魄」と呼んでいます。

魂は精神、魄は肉体のエネルギー

　人間の肉体は、死ねばただの肉の塊になり、腐敗してしまいます。しかし生きていれば、肉体はみずみずしく、意識を持って行動することができます。
　古代中国の人々は、「人間が意識を持って活動できる理由」を考え、「気」の力が人間を形作っているという答えを編み出しました。人間を動かす気のことを、中国では「魂魄」と呼びます。魂魄は「魂」と「魄」の集合体であり、「魂」と「魄」にはそれぞれ別の力が備わっています。

死後は天に昇る

魄（はく） 肉体を支える気

「魄」は、鬼に白骨死体の「白」をつけた文字です。肺に宿り、肉体の外見と骨組みを定める設計図のような役割があります。これが体から離れると、肉体は崩れてしまいます。

魂（こん） 精神を支える気

魂は人間の精神を支える気で、肝臓に宿っています。「魂」という字は、鬼にわき上がる雲を意味する「云」をつけた文字で、死後に魂が天に昇ることを意味しています。

肺
肝臓

死後は地に下る

へー、魂って2種類もあるのかー。
八戒の肝臓にも魂入ってんのかな？ ちょっと見せてくれよ！

やめーてください悟空兄貴！ 豚レバーはお安いんだブヒ！
わたくしにやったらギャグにならないんだからわきまえてくださいよ、兄貴がただの肉屋になっちゃうじゃありませんか。

細分化した魂魄「三魂七魄」

「魂」と「魄」って、昔は1種類ずつしかなかったはずですよね？
いつのまにか10種類に増えてるじゃないですか。
いったい何があったんでしょう？

　ここまで説明した魂魄という概念は、中国の思想「道教」で作られたものです。また「儒教」という思想での魂魄は、魂が天に昇ると神になり、魄が地へ帰ると鬼になるとも教えています。

　実はこれらの理論はあまり厳密なものではなく、民間では道教や儒教の思想とはあまり関係がない、非公式な「魂魄」の理論が広く語られていました。なかでも有名なのが「三魂七魄」といって、魂魄は右にあげた10種類の要素に分かれているという理論です。

三魂
公式には「死後は天に向かう」とされる魂ですが、民間では、魂は以下の3つの場所に向かうと考えることがあります。三魂の内訳にはほかにも多くの説があります。
天魂……天に向かう魂
地魂……地に向かう魂
人魂……墓場に残る魂

七魄
ある説では、肉体を維持する魄の正体は「人間の感情」であると考えます。この説での七魄は「喜び、怒り、悲しみ、恐れ、愛、憎しみ、欲望」だと考えます。
　別の説では、魄とは人間の欲望だと定義し、「尸狗（貪欲さ）、雀陰（淫欲）、飛毒（よこしまな妄想）」などの7つが七魄だと考えます。

魂魄の理論で見た"鬼"のしくみ

それでは、ここまでの理論を「鬼」にあてはめてみますと……？
鬼というものがどんな原理で動いているのか、だいたいイメージできるのではないですかねえ？

幽霊のしくみ

　幽霊は、魂魄のうち「魄」は地に帰ったものの、「魂」だけが天に昇ることができず、魂が地上をさまよっている状態だと定義することができます。

僵尸のしくみ

　僵尸は幽霊とは正反対で、精神を作る「魂」は天に帰ったものの、肉体を維持する「魄」が地に帰らずに肉体にとどまり、肉体の機能を維持している状態です。

えーっと……あれだ、あれあれ。
要するになんか、残っちゃいけないものが残ってるから、死んだのにあの世にいけないってことか？

"鬼"とのつきあいかた

つまり鬼って、死んじゃった人の心が地上に残ったものですか……。
なんだかすごく怖いです。
死んだときの恨みとか、恐怖とかで動いてるんですよね……？

悟浄の言うことはわかりました。
ですが、現実問題そこに鬼がいるんですから、無視するわけにもいきません。
八戒、何かいい手はありませんか？

ブヒー、それなら、人間の対策を真似しましょう。
彼らは長年鬼とつきあってきたのですから、我々より鬼にくわしいはず。
ここにあげた儀式などは「鬼対策」として有名でございます。

八戒、よくやりました！
それでは、この方法を使って、「鬼」の害を防ぎましょう。

駆鬼……鬼を"駆逐"する

駆鬼とは、鬼を"駆逐"すなわち「追い払う」技術です。鬼が嫌がるものを使って、邪悪な性質を持つ鬼を遠ざけて、その害を防ごうとします。

一般的に鬼は、陰陽思想の「陰」の気が強い存在だと考えられており、陽の気が詰まったものをぶつけることで追い払うことができます。たくさんの人の手を渡ったことで陽の気を吸い込んだ銭を糸で結び、剣の形にした「銭剣」、神聖な「桃の木の枝」などが武器となります。

また「毒を持って毒を制す」という考え方もあり、人糞などの汚物をぶつけて追い払うというのも、非常にポピュラーな「駆鬼」の方法です。

駆鬼による鬼の倒し方
- 陽の気が詰まったもの（銭、桃）を投げつける
- 汚物（人糞、犬の血など）を浴びせかける
- 鬼が苦手なもの（鉄、虎、爆竹など）で追い払う

祭鬼……鬼を"祭り上げ"る

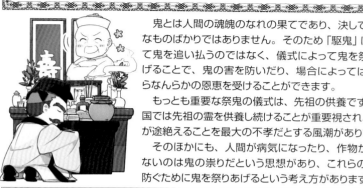

　鬼とは人間の魂魄のなれの果てであり、決して邪悪なものばかりではありません。そのため「駆鬼」によって鬼を追い払うのではなく、儀式によって鬼を祭りあげることで、鬼の害を防いだり、場合によっては鬼からなんらかの恩恵を受けることができます。

　もっとも重要な祭鬼の儀式は、先祖の供養です。中国では先祖の霊を供養し続けることが重要視され、祭祀が途絶えることを最大の不孝だとする風潮があります。

　そのほかにも、人間が病気になったり、作物が実らないのは鬼の祟りだという思想があり、これらの害を防ぐために鬼を祭りあげるという考え方があります。

祭鬼で行うこと
- その鬼からの祟りを防ぐ
- 鬼のせいで起きる病気を治す
- 豊作を祈願する

召鬼術……鬼を"利用"する

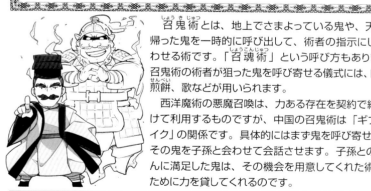

　召鬼術とは、地上でさまよっている鬼や、天地に帰った鬼を一時的に呼び出して、術者の指示にしたがわせる術です。「召魂術」という呼び方もあります。召鬼術の術者が狙った鬼を呼び寄せる儀式には、口笛、煎餅、歌などが用いられます。

　西洋魔術の悪魔召喚は、力ある存在を契約で縛りつけて利用するものですが、中国の召鬼術は「ギブ&テイク」の関係です。具体的にはまず鬼を呼び寄せると、その鬼を子孫と会わせて会話させます。子孫との団らんに満足した鬼は、その機会を用意してくれた術者のために力を貸してくれるのです。

召鬼術でできること
- 死者だけが知っている情報を聞き出す
- 生きている人間を説得させる
- 別の鬼と戦わせる

"鬼"の小事典

鬼のなかにも面白い行動パターンを持ってるヤツはいるものだ。
そういった変な「鬼」を10体ほど集めてみたぜ。
気を楽にして、楽しんで読んでくれていいぜ。

小事典の見方

縊鬼(いき) ────────── 鬼の名前
出典:『太平御覧』など
└── **出展資料**
鬼が紹介されている文献の名前を表示します。

縊鬼(いき)

出典:『太平御覧』など

その名のとおり、首を縊って死んだ者の鬼である。特定の死に方をした鬼に見られる特徴として、他人を惑わす、直接手を下すなどして自分と同じ死に方をさせると、その鬼は死んだ人と入れ替わって生き返る、というものがある。縊鬼もその種の鬼と同様に、誰かを自身の身代わりとして縊死させれば、その人と入れ替わる形で生き返るのである。

縊鬼は人間の心をかき乱す能力を持っているらしく、取り憑いた人を錯乱させる。さらにはこの世の物体に干渉することも可能なようで、木の上から首吊りの縄を引き絞ったり、縄を結び踏み台を運び、首吊りを手伝う、という行動が随所で見られる。

これら縊鬼の伝説は、中国では現在でもしばしば語られている根強い怪談話のようで、そのなかで縊鬼は「吊殺鬼(ちょうさつき)」「吊死鬼(ちょうしき)」などと呼ばれている。

煙鬼(えんき)

出典:『壺天録』など

名前の"煙"という字は、熱して煙を吸う麻薬「アヘン」のことである。伝承によって特徴が若干異なり、煙草やアヘンが大好きな者が死んで鬼となったとも、アヘンで自殺した者の鬼であるとも言われている。

アヘンで自殺した煙鬼は非常にやっかいな存在である。彼らはアヘンの害を知らない赤の他人に、自分と同じ死に方をさせようと企てるのだ。20世紀初頭の物語集『壺天録(こてんろく)』に、老婆の煙鬼に狙われた一家の話が残されており、この煙鬼は家に姑と嫁だけしかいない時を狙い、ふたりにアヘンを吸わせて殺そうとした。だがこの企みはあと一歩のところで夫と息子に阻止され、ふたりは正気を取り戻し無事であった。だが煙鬼は諦めることなく、嫁にアヘンを吸わせることに成功したのだが、幸いにも発見が早く手当てが間に合い、一命は取り留めた。

棋鬼
出典:『聊斎志異』

碁があまりにも好きすぎて、死んでもそれがやめられないという鬼。

とある将軍が、山の上で酒を飲みながら客と碁をしていたところ、ぼろぼろの衣服をまとった男が、いつの間にか佇んで観戦していた。あまりにも熱心に見ているので、将軍は一局いかがですかと勧める。そして男は客と対局するのだが、勝っても負けてもますます熱狂し、いつまでたっても止まらなかった。だがふとした瞬間、男は将軍たちの前から文字どおり消え失せてしまうのである。

実はこの男の正体は冥府の使者で、死者の魂魄を誘導する役を担っていた。男は生前、碁にのめり込み過ぎて財産を失い、父親はそれに呆れて死んでしまったため、その不徳から閻魔大王の怒りを買ってしまう。

大王は罰として男を若死にさせ、地獄へと放り込んだ。それから7年後、大王は男に更生のチャンスとして、冥府の使者の仕事を与えたのである。だがまたもや碁に熱中し、仕事を放り出した彼は冥府へ連れ戻され、永遠に地獄から出られなくなってしまったのだ。将軍はそれを聞いて一言「道楽はこわいものだな!」と叫んだという。

棋鬼

鬼索債
出典:『池北週談』など

生前、人に金を貸した者が、死んだあとに借金を取り立てに来ることを鬼索債という。

典型的な鬼索債の例としては、金を貸した人がそれを返してもらえないうちに死んでしまったときに、その執念が借りた人の家族を祟る。そして執念に当てられた借り主の家人たちが次々に発狂し、金を返せ、払えとわめき騒ぐのである。こうなってしまったら、借りた金額分の紙銭(金銭を模した紙で、冥界のお金)を神前で焚き上げれば返したことになり、狂人たちは我に返るのである。

さらにタチの悪い鬼索債と言える「索命」という鬼もあり、これは貸した財産分の価値に相当する借り主に関係する人間の命、あるいは借り主自身の命を代償として、借金を文字どおり「命をもって償わせる」のである。

鬼買棺
出典:『志怪録』

疫病の大流行や大飢饉が発生し、一家まるごと全滅、というような悲劇があちこちで起きると、誰にも供養してもらえない死者が鬼となり、自分で自分が入るための棺を買いに来るのだという。

流行病のあと、棺材店を尋ねた老人が一度に7個もの棺を注文し、店主に家まで運ばせた。そしてお金の代わりに、家にある20石(約620kg)の麦を代金として支払う、と言って家の中へと入っていったきり、一向に出てくる気配がない。しびれを切らした店主が家の中に入ると、そこには7つの死体があり、生きている者は誰もいなかった。さらにはその死体の中には、棺を買いに来た老人のものもあったのだ。店主は老人との約束どおり、麦を対価として受け取ったという。

侠鬼
出典:『中国鬼話』など

「任侠」という言葉がある。この鬼は任侠の持つ本来の意味を体現した、「仁義を重んじ、困っていたり苦しんでいたりする人を放っておけず、彼らを助けるために体を張る」という、変わった鬼だ。

侠鬼は不正な手段で荒稼ぎをする金持ち、賄賂をむさぼる悪徳役人といった庶民を苦しめる権力者を懲らしめ、反省が見られないときには殺してしまう。その数々の逸話のほと

んどは、どこそこに就任した悪徳役人や、どこそこで暴利を貪り庶民を苦しめていた金持ちなどが侠鬼に殺され、そのお陰で庶民たちは安らかに暮らし、楽しく仕事に励めるようになった、という内容だ。そして話の結びは、庶民たちが侠鬼への恩を忘れないよう、家に侠鬼の位牌などを安置するようになった、というものである。

産婦鬼（さんぷき）
出典：『庸盦筆記』

死んだあとも自分の子のために、大きな危険を冒して食べ物を買いに姿をあらわすという鬼で、大半が善良な存在である。日本の「子育て幽霊」によく似たものだ。

話の大筋は次のとおり。妊娠した女性が子を産む前に命を落とし、大きなお腹のまま埋葬される。すると埋葬された場所の近くにあるお店に、毎日かならず食べ物を買いに来る女性があらわれるようになるのだ。だが店主が夜に売上を確認すると、その中にかならず死者のために作られる副葬品のひとつ、紙のお金「紙銭」が混じっている。店主が怪しみ女の正体を尋ねると、女は鬼であることを認め、棺の中で生まれてしまった赤ん坊を救い出し、育ててほしいと店主に哀願するのだ。哀れに思った店主がそれを引き受けると、女はこの御恩は世々代々忘れません、とむせび泣きながら礼を言い、姿を消すのである。

聻（せき）
出典：『聊斎志異』など

聻鬼とも呼ばれる。一度死んで鬼となり、鬼になってから死んだ、つまり二度死んだ亡者という、きわめて奇妙な存在である。怪奇小説集『聊斎志異』によれば「人間が死ねば鬼となり、鬼が死ねば聻となる」そうだ。
『聊斎志異』内の「章阿端」で語られている内容によれば、人間に鬼が取り憑くかのごとく、鬼に聻が取り憑くことがあるらしく、鬼が聻を恐れるのは、人間が鬼を恐れるようなものなのだという。つまり現世にも冥界にも、一度死んだ普通の鬼と、二度死んだ聻がいる、ということになる。ただし聻がどのような姿をしているのか、聻がさらに死んだ場合、何になるのかは不明である。

また『五音集韻』という漢字事典には「鬼は聻を恐れるので、聻という字を紙に書いて門上に貼れば、鬼は近寄れない」という、災厄除けのおまじないを紹介している。

倀鬼（ちょうき）
出典：『玨塵筆記』

不幸にも虎に食い殺された人間の霊魂が、そのまま虎に憑いて、悪事を先導したり人間の獲物を探すようになった鬼である。

中国での虎は単なる猛獣ではなく、かつては霊獣として他の動物と区別されていた。本来ならば人を襲うことのないはずの霊獣である虎が人を殺した場合、それは倀鬼が虎をそそのかしているせいだと考えたのだ。

ただし、虎は倀鬼の指図以外にも、交尾をしたあとや犬を食べると、人が酒に酔ったような状態になり、このときには人間を食い殺すという。多くの場合、虎はこのときに倀鬼に取り憑かれ、凶悪な猛獣となるのである。

溺鬼（できき）
出典：『聊斎志異』など

水に溺れて死んだ人の鬼である。この鬼は水の中から岸に近づいた人の名前を呼ぶ。それに対してうっかり返事をしてしまうと、その人は水中に引きずり込まれ溺死してしまうのだ。さらにやっかいなことに、人を引きずり込むことに成功した溺鬼はその人と入れ替わって生き返り、死んだ人は代わりに溺鬼と化すのだ。そして溺鬼と化した人は同じように、次の犠牲者を誘うのである。溺鬼が長年命を狙っていた人物がその周辺に住む人々に助けられ、溺鬼が「よくも邪魔をしてくれたな」とばかりに人々に呪いをかけ、ひと騒ぎとなる、という話も数多くある。

だがなかには、自分が生き返るために他人を犠牲になどできない、と悩み苦しむ溺鬼の話もある。このパターンの物語では、神々がその様子をご覧になっていて、溺鬼を土地神などに推挙し、その魂は溺鬼の姿から救われる、という結末が語られる。

"鬼"の名前は何で決まる？

ブヒー、三蔵様、鬼の名前って妙に説明的なのが多いと思いませんか？ じつは鬼の名前は、特徴や役割でつけられるので、ある意味全員「説明的な」名前なんですよ。

① 死因で決まる名前

あらゆる鬼は、生きていた人間が死後に変化したものなので、かならず何らかの「死因」が存在します。特殊な死に方をした者は、その死因によって鬼としての名前がつく場合があります。

例えば……

- 縊鬼 ➡ p170
- 煙鬼 ➡ p170
- 饉 ➡ p172
- 㑴鬼 ➡ p172
- 溺鬼 ➡ p172

② 外見で決まる名前

もっともシンプルな命名法で、鬼の特徴的な見た目によって呼び名が決まるものです。鬼は166ページで紹介した「魄」の状況や、生前の負傷などによって、外見が通常の人間とは違うものになっている場合があります。

例えば……

- 披髪鬼（髪を振り乱した鬼）
- 破面鬼（顔が傷だらけの鬼）
- 長面鬼（顔が長い鬼）
- 独足鬼（一本足の鬼）
- 無頭鬼（首がない鬼）

③ 職能で決まる名前

人間と出会った鬼がとる行動の内容によって、鬼の名前を決めたものです。その行動とは、特定の上位者から与えられた役割「職能」だったり、鬼自身が持つ特別な能力に由来するものだったりします。

例えば……

- 鬼索債 ➡ p171
- 鬼買棺 ➡ p171
- 産婦鬼 ➡ p172
- 掠剌鬼（横領を罰する鬼）
- 瘧鬼（熱病を流行らせる鬼）

④ 嗜好によって決まる名前

「職能によって決まる名前」と似ていますが、能力や役割によるものではなく、鬼自身が特定の嗜好や執着心を持っている場合、その嗜好や執着心のありかたが、そのまま鬼の名前になることがあります。

例えば……

- 棋鬼 ➡ p171
- 侠鬼 ➡ p171
- 淫鬼（性欲の強い鬼）
- 賭鬼（賭け事が好きな鬼）
- 酒鬼（酒が好きな鬼）

中国妖怪小事典

あら、ずいぶんたくさん妖怪を見てきたと思ったのに、中国にはまだまだ妖怪がいるのですね？ せっかくのチャンスですから、面白い妖怪をできるだけたくさん見せてもらいましょう。

小事典の見方

応声虫————妖怪の名前
出典：『通俗編』など
┗ **出展資料**
妖怪が紹介されている文献の名前を表示します。

応声虫

出典：『通俗編』など

18世紀中国の奇談集『通俗編』の記述によるもの。ある男が「誰かから話しかけられると、男が口を開く前に、勝手に腹の中から声がする」という奇妙な現象によって逮捕されてしまう。だが医師によれば、これは怪異ではなく、人の腹の中に寄生して、人語を理解し勝手に声を発する「応声虫」の仕業だという。この寄生病は、薬学書『本草綱目』に紹介されている雷丸というキノコを飲めば、応声虫が体外に逃げ出すので治るという。

応声虫の正体は文献によってさまざまに語られており、詐欺師が人を騙し食べ物を得るために習得した腹話術である、身体にできる人の顔をした腫れ物「人面疽」が喋っている、腹にできた人面疽によく似た腫れ物が喋っているなど、非常に幅広い。特に新しい時代に書かれた文献であるほど、応声虫は人面疽であると考える割合が高くなっているようだ。

開明獣

出典：『山海経』

仙人の住まう伝説の山、崑崙山に住む神獣。中国最古の地理書『山海経』には、非常にわかりにくい文体で開明獣が解説されているが、現代中国の歴史学者である袁珂によれば、「崑崙山の正門には、虎の身体に9つの頭を持つ開明獣という神獣がいて、宮殿を守っている」という意味なのだという。

開明獣の名前に、"知識"を意味する「開明」が付いていることから、知能が高い存在だという説があるが、それを裏付けるような……例えば、開明獣が偉人や英雄の相談役などであったり、ギリシャのスピンクスのように謎かけをする、というような話は見つかっておらず、証拠はないのが実情だ。

伝奇作品を得意とする漫画家、諸星大二郎は、代表作『孔子暗黒伝』の中で、開明獣を主人公の前にときどき姿をあらわして予言を告げる、謎の人面獣として描いている。

荷花三娘子
（か　か　さん じょう　し）
出典:『聊斎志異』

荷花とは蓮の花のことで、荷花三娘子とは蓮の花にいた美しい娘という意味である。

ある男性が、ふとしたきっかけで妖麗な美女と出会い、彼女を愛人とする。美女はかいがいしく男の世話をしたが、どういうわけか男性は日に日に衰弱していく。ある日、徳の高い僧侶から「あなたには邪気が憑いている」と言われたことで、男は美女の正体が妖狐だと確信し、さらには衰弱しているにも関わらず交わりを求めてくる彼女に耐え切れず、僧侶に妖狐を捕らえ殺す方法を教わり、彼女を瓶の中へ閉じ込めた。だがいざ閉じ込めてみると、精を吸われた恨みよりも、よく世話をしてくれた恩のほうが思い出され、男は彼女を解き放った。妖狐は、この恩はかならず返すと言い残して立ち去った。

その後、彼女は病を治す薬を男性に渡してから、よいお連れ合いをお世話すると、荷の花の中にいる美しい娘を獲得する方法を伝授した。この娘こそが荷花三娘子であり、彼女もまた狐の精であった。男は荷花三娘子を妻に迎え、子供も作ったのだが、その後彼女は、前世の業が満ちた、と伝えて男の元から立ち去ったという。

火眼金睛獣
（か　がん きん せい じゅう）
出典:『封神演義』

赤い目から金色の光を放つ、馬のようで馬とは違う姿をした霊獣。仙人と人間の戦争が描かれた長編小説『封神演義』に登場する。

火眼金睛獣はいわば種族名であり、その能力は個体名を持っている四不像（→p88）ほどではない。だが馬とは比較にならないほど優秀な移動手段として、崇黒虎や余化などの優れた仙人や武将が利用している。知能も高く、主人が危ないと見るや旋回して逃げたり、乗り手が攻撃しやすいように立ち回るなど、知恵で主人を助けることができる。

要するに火眼金睛獣は、「専用の霊獣を用意するような主人公格の存在ではないが、あなどれない力を持つ登場人物が乗る霊獣」である、と捉えておけば間違いない。

讙
（かん）
出典:『山海経』

外見は犬のようにもタヌキのようにも見えるのだが、顔には輝く目がひとつしかなく、尻尾が３本に分かれている妖怪である。さまざまな声で鳴くことができるので、しばしば別の動物の鳴き声を真似するのだという。地を這うようにして夜道を歩いて旅人などを驚かし、さらには鳴き声で人々を惑わせるのだが、それ以上の悪さはしないとされている。

中国最古の地理書『山海経』によれば、讙は中国の西方にある翼望山に棲んでいる。凶事を防ぐ存在とされており、また讙を捕らえて食べると、眼球や皮膚などが黄色く染まる病気「黄疸」が治る、とも言われている。翼望山には讙のほかにも、凶事を防ぎ、食べれば悪夢を見なくなるという、非常によく似た特性を持つ妖怪がもう１匹棲んでいるそうだ。

顒
（ぎょう）
出典:『山海経』

フクロウに似ているが、人面で、目が４つもあるという怪鳥。『山海経』によれば、顒は令丘山という火炎の多い山の南にある「中谷」と呼ばれる谷に住んでいるという。その名前は、顒の鳴き声から来ているそうだ。

顒が人前に姿を見せることはめったにないのだが、姿をあらわすと大変な旱魃が起きると伝えられ、人々から忌み嫌われている妖怪だ。他にも旱魃をもたらすとされている妖怪や神は多数存在しており、彼らがあらわれたとしても人間には対抗する手段がほとんどない、というのが常である。ただしこの顒は例外で、朝に市場を歩き回るのが大好きなため、そこを狙って捕まえ、便所に投げ込めばよいという。すると顒は便所の中で死に、旱魃は近いうちに収まるそうだ。

酒虫・酒魔
（しゅ ちゅう・しゅ ま）
出典:『聊斎志異』

酒虫と酒魔は、どちらも人の体内に寄生する、酒に関する妖怪である。ただしその在り方は正反対であり、酒虫は宿主を大の酒好き

にするが、酒魔は宿主を酒のほとんど飲めない下戸にする。

どちらの逸話でも大筋はほぼ同一であり、有名な大酒飲み、またはまったく飲めない者に対して、何らかの儀式的なことを行うと、身体の中から寄生虫のような酒虫あるいは酒魔が飛び出し、それ以降は酒とのつきあい方が正反対に変わるというものだ。

ただし酒虫の場合は後日譚があり、酒虫は十万金に値する、瑞気漂う天下の至宝であり、酒虫を水の中に入れておくだけで、それはこの上ない芳醇な酒に変化する、という説明がなされる。似たような逸話の語られる消麺虫（➡ p52）とは違い、酒虫に価値のある理由が明確に説明されている。

申陽公

出典：『剪燈新話』

猿の妖怪の元締めとされる、力強く凶暴な猿の怪物。その逸話によれば、申陽公は広東省にある申陽洞という洞穴に住み、ある役人の妻を連れ去ったが、役人は張紫陽という神仙の力を借りて妻を救い出したという。

ここで気になるのは、申陽公が4人兄妹であり、男兄弟3人がそれぞれ通天大聖、弥天大聖、斉天大聖とみずからを名乗り、妹は泗州聖母と名乗っていたことだ。猿が大層な役職名を名乗る、特に長編小説『西遊記』の主人公格、孫悟空（➡ p134）の天界での役職と同じ「斉天大聖」を名乗っている以上、孫悟空と何らかの繋がりがあると見て間違いない。

孫悟空にはさまざまな原型があるといわれているが、この申陽公という猿の怪物は、斉天大聖を名乗っていたことから、特に深い繋がりがあるものと考えられる。

赤虎

出典：民間伝承？

夫が長いこと家を留守にしていると、その妻の前に夫の姿をとってあらわれ、たぶらかすという、赤色の虎の精霊。

ある夫は、船の上に店を構えて沿岸で商いをするため、1年の大半を船で過ごし、家を留守にするという生活を続けていた。だがある年、夫が丸1年も帰らず、妻は夫を心配していた。すると浮浪者のように変わり果てた姿の夫が帰ってきた。夫は暴風雨に遭い、すべてをなくしたが何とか一命はとりとめたという。妻は驚いたが、急いで家の中へ入れ、看病をしたところ、3ヶ月ほどで元気になった。

体力を取り戻した夫はすぐに外へ出かけたが、それと入れ違いにひとりの男が入ってきた。妻はその顔を見て、腰を抜かさんばかりに驚いた。その男もまた、どう見ても自身の夫なのである。話をしてようやくことの次第を理解した夫婦は、家で偽物が帰ってくるのを待った。偽物は本物の顔を見るなり、あっ、と声を上げると「自身は霊虎であり、夫が家を開けて女房に寂しい思いをさせていたから、自分が慰めてやったのだ」と捨て台詞を吐いた。そして赤色の虎に姿を変え、一目散に山の中へと駆けていったのである。

赤虎

仙画

出典：『聊斎志異』など

仙人、またはそれに準ずる存在が描いた、生きて動く肖像画のこと。

ある怪談話によれば、唐の時代（7世紀前後）にとある男が、真真という名の妖艶な美女が描かれているすばらしい衝立を手に入れる。男はこの美女を妻にしたいものだと心底惚れ込み、これを描いた画伯に「どうにかならないか」と尋ねる。すると画伯は「この絵は自身が全力を注ぎ込んだ、いわば神画であるのだから、できないことはないぞよ。真真の名を百日間呼び続ければ、最後の日にかならず返事をする。声が聞こえたらすぐに酒

を絵にかければ、生きて絵の中から出てくるだろう」というのだ。

男が画伯の言うとおりにしたところ、百日目にして真真は本当に実体化する。そして男と真真は結婚し、子供まで生まれ、男は幸せの絶頂にいた。だがおせっかいで余計な干渉をする友人が、それは妖怪だ、邪悪なものだ、自分の神剣を貸してやるから退治してしまえ、と男をそそのかしたのである。

だが真真は、帰ってきた男が神剣を隠し持っていることをすぐに看破する。そして「ご縁があったから結婚したというのに私を疑うのか、それならば私たちの関係はこれまで」と言い残し、子供を抱き上げて絵の中に戻ってしまった。妻と子を同時に失った男は後悔し、真真の名を何百回も叫んだが、子供を抱いた美人画は微動だにしなかったという。

大白鼋（だいはくげん）
出典：『西遊記』

長編小説『西遊記』に登場する、年老いた大きな亀。大白鼋は人間になりたいと願い、1300年以上修行を積んでいるというのに、それでも人間になることができないという。『西遊記』の第四十九回には、大白鼋の庭の池に住んでいた巨大な金魚が化けた「霊感大王」を三蔵一行が退治し、それに感謝した大白鼋が三蔵一行を背中に乗せ、通天河という広い川を渡る、というシーンがある。そこで大白鼋は「自分は人間になりたくて長年修行をしているのに一向になれない。一体どうすればよいのか、天竺の如来様に聞いてきてほしい」と、三蔵法師に依頼する。

ところが三蔵法師は、無事天竺にたどり着き、釈迦如来から経典を賜ったころには、その約束をきれいさっぱり忘れてしまっていた。そして中国への帰り道、第九十九回に大白鼋は再度登場し、三蔵一行を乗せて通天河を渡ってくれるのだが、そのときに如来の答えを尋ねられた三蔵法師は当然ながら言葉に詰まり、答えられなかった。

三蔵一行を助けたにもかかわらず、大白鼋は結局、人間になる方法を聞くことができなかったのだ。三蔵のうっかりの犠牲になった、何とも気の毒な存在である。

地羊鬼（ちようき）
出典：『七修類稿』

人間の内臓を木や土に変えてしまう恐ろしい妖怪。雲南省の奥地、孟密に棲んでいるというが、この孟密は宝石の産地であり、特に優れたものが朝廷に献じられていたという。

孟密地方には奇習迷信が多く残されており、地羊鬼はそのひとつである。この怪物は人を見つけると、その人が気づかないうちに内臓を石や木に変化させる。この術を掛けられた人は当然、体内の激しい痛みを訴え、苦しみ抜いた末に死んでしまうのだ。そして死人の腹を開いたときに、人々は内臓が木や土で作られたものに変えられていることに驚き、はじめて地羊鬼に殺されたものであると気がつくのである。

地羊鬼がこのようなことをする理由は、何かの怨みによるものと思われるのだが、地羊鬼のなかには命を奪わず、人の手や足を木や土でできたものに変化させるだけの者もいるため、どのような基準で人々に害をなしているのかは不明である。

猪豚蛇（ちょとんだ）
出典：『夷堅志』

噛まれたものはその毒で即死してしまうという妖怪蛇。身体の長さは3尺（当時中国の換算で約60cm）、太さは餅つきに使う「杵」ほどで、全身が毛で覆われており、豚のような声で鳴き、4本の足で動き回るのだという。

宋の時代に禁呪の術を心得ていた成俊という将軍がおり、ことに蛇退治が得意であったことから、猪豚蛇も成俊に退治されている。伝承の内容によれば、1153年のこと。軍隊が門の外で訓練をしていたところに、竹林の中から猪豚蛇が飛び出し、兵士たちに襲いかかったのだという。驚き慌てて逃げ惑う兵士たちだったが、たまたま馬の飼い葉桶を見つけた者が、猪豚蛇に桶をかぶせて捕まえた。そして、蛇退治が得意だという成俊が呼び出されたのである。

成俊はかぶせられた桶を見るなり「これは猪豚蛇である」と、その名前と先述した特徴を説明し、桶の上から息を吹きかけ、術を施

した。しばらくして桶を持ち上げると、猪豚蛇は縮こまり、動けなくなっていた。

そこで成俊はもう一度桶をかぶせ、月を見上げて深呼吸したあと、桶の上からふたたび3度、息を吹きかけた。そしてもう一度桶を持ち上げたところ、猪豚蛇は血のかたまりのようなものに変じていたという。

天狗
出典：『山海経』など

天狗と言えば、日本でもっとも有名な妖怪のひとつ、と言っても過言ではないだろう。ただしこの天狗、という語自体は中国からもたらされたものであり、本来は同じ漢字を書いて「てんく」と読む。

中国の天狗は、文字どおり天の狗（いぬ）なのだという。時代軍記小説『三国志演義』に登場する軍師、諸葛亮孔明は、天を見て「天狗星が不吉の兆しを見せている」とつぶやき、その直後に名高い武将が命を落としている。この天狗星というのは、落下するときに音を発する流星のことを指しているらしい。

その一方で、中国最古の地理書『山海経』の挿絵では怪物の姿をしており、その中で「タヌキのような姿で、首は白く、その声は榴榴のよう、凶をふせぐによろし」と伝えられている。ただし、この榴榴というのが何なのかは不明である。また「凶をふせぐによろし」ということは、少なくとも吉であり、凶の存在ではなかった、と考えられている。

このように、日本で語られる天狗に比べると、中国の天狗はさまざまな姿形をとる、非常に雑多な正体不明の存在なのである。

土偶
出典：『聊斎志異』

土偶とは泥人形という意味であり、怪奇短編小説集『聊斎志異』に含まれる物語の題名だ。これは夫に先立たれた女性が起こした、奇跡とも言える怪異譚である。

ある所に大変仲のよい夫婦がいたのだが、子もできていないうちに夫が亡くなってしまう。妻の両親は再婚を勧めたのだが、妻は決して再婚はしないと誓い、人形師に依頼して亡き夫に瓜二つの粘土製の像、つまり「土偶」を造ってもらい、それに三度の食事を供え、生前と同じように振る舞ったのだ。

そして妻の誠意は冥府に通じ、土偶は生前の夫のように動き出す。驚愕した妻に対し、土偶の夫は「冥府が情けをくれて、子供を成すまでは一緒にいられるのだよ」と告げた。そして、夜になると抜け出して妻と同衾し、朝には元の土偶に戻る、ということが1ヶ月も続き、妻はとうとう身重になり、世継ぎとなってくれる男の子を産んだのである。

はじめは「別の男との間にできた子であろう」と疑われていたこの男の子であったが、成長するにつれて亡き夫と顔かたちどころか物腰まで瓜二つとなり、人々の疑いは晴れたとされている。

馬婦
出典：『瀟湘記』

あまりにも馬が好きすぎて、とうとうその姿が馬に変化したという、人間から生まれた妖怪変化である。

ある女性は、三度の食事よりも馬が好きで、俊足の馬や名馬を見るのが何よりの楽しみであった。その入れ込みぶりは異常で、よい馬を見つけると、誰のものであろうと体を撫で、背中に乗ろうとするほどであった。

ある日のこと、女性は謎の衝動を覚え、昏倒してしまう。そして意識を取り戻したところ、なんと女性は一頭の神速の名馬と化していたのである。だが女性はまったく動じず、思うままに野山を駆け巡った。だが南へどれだけ行ったかと思うころ、とある将軍に捕らえられてしまう。だが将軍はこの雌馬を愛し、入念に世話をさせた。

何年かすると、雌馬は本来の姿である人間の女性へと戻り、将軍やその部下たちは仰天した。女性は将軍たちにその身の上を語った。さすがに信じがたいとは思った将軍であったが、女性が置いてくれ、というのも、人間の姿となった女性を屋敷に留めておいた。

十年後、彼女は将軍に、故郷へ帰りたいと告げた。将軍が何日か返事を怠っていたところ、待ちきれなかったのか、女性はふたたび馬の姿となり、走り去って行ったのだという。

都に帰るまでが天竺旅行です！

ごちそうさまでしたー！
さすがに観音菩薩様の行きつけのお店は違いますね。
極楽浄土に昇った気分ですよ〜♪

ええ、それはよかったですね。
ときに三蔵、中国に帰るのなら、本場のお経を持って行きなさい。
それから玉龍、よく三蔵を支えました。褒美に、龍の姿に戻しましょう。

よっしゃ！ サンキューお釈迦様！
これで狭っ苦しい馬の体とはおさらばだぜ〜!!

もう二度と悪さをしてはなりませんよ。
これ以上竜宮や天界に災いをもたらせば、次は馬ではすみません。
あとは三蔵、このお経をを持ち帰って広めれば、中国でも正しい教えが……。

（お経には目もくれずに）……さて、カレーもたっぷり堪能したことですし、さっそく中国に帰るとしましょうか。
みな、玉龍の背中に乗るのですよ。中国は……あちらです！

えっ。三蔵様が先導でブヒか？
何か猛烈に嫌な予感がいたしますぞ……。
三蔵様、本当にそちらで合っているのでございますよね……？

ほんとに大丈夫ですよね三蔵様!?
もう迷子はいやだ〜っ!!

萌える！中国妖怪事典　これにておしまい！

イラストレーター紹介

「萌える！中国妖怪事典」に
素敵なイラストを描いてくれた、
総勢53名のイラストレーターを
紹介しますよ。
皆さん、ご協力ありがとう！

島風（しまかぜ）
表紙

表紙を描かせていただきました島風と申します。
キョンシーの手を前に出しているポーズだと
おっぱいが隠れてしまうので構図に苦労しました。

Soundz of Bell
http://homepage2.nifty.com/sob/

C-SHOW（ししょう）
巻頭、巻末コミックス
案内キャラクター
カットイラスト

ナビキャラの三蔵法師一行を描かせていただきました！　いつもは女の子ばかりですが、今回は猿とか豚とか、動物がいっぱいで新鮮でした。楽しかったです（笑）

おたべや
http://www.otabeya.com/

白雪バンビ（しらゆき）
扉イラスト

扉イラストを担当させていただきました。
イメージを膨らませるのが楽しかったです＾＾＊
お気に入りは鳳凰ちゃんです！
貴重な機会をいただきありがとうございました＾＾＊

Twitter
https://twitter.com/bambisirayuki

チーコ
夔蛇(p19)

こんにちは、チーコと申します。
今回は中国の妖怪「アツユ」を描かせていただきました。
体長は80mもあり、猛スピードで駆け、村や町を襲う恐ろしい妖怪ですが、実は本人は遊んでいただけみたいなイメージで描いてみました。

pixivページ
http://www.pixiv.net/member.php?id=21101

湯浅彬(ゆあさあきら)
海人(p21)

最初に設定を聞いた時はダークな印象を受けたのですが、調べて行く内に漁師に大漁をもたらしたり特に害のない妖怪だというのが分かり、妖怪というよりは妖精に近い存在なのかもしれない…と思いながら描かせて頂いた結果、お魚と仲良しな明るい妖怪になりました(笑)

さく.COM
http://yuasaakira.tumblr.com/

nove(のーう゛)
火鼠(p23)

火鼠を描かせていただきました nove です。
火山の木の中に住んでいるという事で、灼熱の中でも飛び跳ねて遊んでいられる様子をイメージしました。

pixiv ページ
http://www.pixiv.net/member.php?id=892097

inoshishi(いのしし)
花魄&花妖(p25)

今回、花妖&花魄ということで、ふわっふわなお花っ子たちを描かせて頂きました！亜麻色の髪の子が花妖、白髪の子が花魄です。
もしこんな子がいたらいいな！という自分の好みをてんこ盛りにしてみました。樹の上でいちゃいちゃ戯れてる雰囲気が伝われば嬉しいです！

pixiv ページ
http://www.pixiv.net/member.php?id=1303816

裕(ゆう)
玉兎(p32)

玉兎を担当させていただきました、裕と申します。
萌える事典シリーズに参加させていただくのはこれで３度目となります。うさ耳ちゃん達の可愛さとやわらかさを推しつつ、今回も楽しく描かせていただきました。

CAPRICCIO
http://youcapriccio.weebly.com/

クロごま
金華猫(p35)

はじめまして。金華猫を担当しましたクロごまと申します！
誘惑シチュ、ケモミミ、フトモモなど、大好きな要素を盛り込めてとても楽しく描かせて頂きました。
また、この場を借りて、今回書籍のお仕事を紹介して頂きありがとうございます！

TKG&サラダ
http://kurogomap.tumblr.com/

夢子(ゆめこ)
金蚕(p37)

金蚕を担当させて頂きました、夢子と申します。
黄金の地虫というイメージをどう変換して少女に盛り込んでいくか、考えるのがとても楽しかったです！ありがとうございました。

pixiv ページ
http://www.pixiv.net/member.php?id=1516633

浜田遊歩
哖天犬(p41)

この度は、哖天犬を担当させていただきました浜田遊歩です。
僕もいぬっ娘な哖天犬を袖の中で飼育したいです。
常時、袖の中でモフモフナデナデし続けたいです。
僕、狼になっちゃうよぉ・・・

FOSSIL ANTIQUE.com
http://fossil-antique.com/

たわし
姑獲鳥(p43)

初めまして。姑獲鳥を担当させて頂きました、たわしと申します。
鬼神の一種で、子供を攫う怪鳥。また妊婦の化けた妖怪だそうなので、鳥脚でいかにも化物、だけど上半身は、子を抱くお母さんのような優しいイメージで描かせて頂きました。

pixiv ページ
http://www.pixiv.net/member.php?id=4826569

ムロク
三尸(p47)

三尸虫を描かせてもらったムロクです。
少しコミカルな雰囲気で描きました。
みんなの死んだ目がお気に入り！
楽しんで見ていただけると嬉しいです。

ムッ。
http://muroku996.wix.com/muttu

はるまり
猩々(p51)

猩々のイラストを担当させて頂いたはるまりです。
だらしない酔いどれお姉さんってとても良いですよね！描いていてとても楽しかったです～。

pixiv ページ
http://pixiv.me/haru_mari

あみみ
消麺虫(p53)

生まれつき特別な虫が体の中にいたために大金持ちになったり、不思議な旅をしたりと、なんとも夢のあるお話ですねー。
麺好きな貴方は「もしや私にも…？」って時々思ってみると楽しいと思います！

えむでん
http://mden.blog32.fc2.com/

海鵜げそ
蜃(p56)

海鵜げそと申します。竜とハマグリをどう表現するかで悩みました。妖怪ということもあり、長い髪が蜃気楼の中で竜に変化するという場面が浮かび、今回のイラストになっています。キャラクターの下に張った水は、夏によく見る逃げ水のイメージです。

MYTH+
http://www.welsys.com/commacomma/

湖湘七巳(こしょうしちみ)
太歳&視肉(p59)
カットイラスト

「大歳・視肉」やイラストカットを描かせていただきました、湖湘七巳です。
幼少の頃から中国のキョンシーや幽霊映画が好きで観ていました！中国の怪奇物も良いですよね！参加できて嬉しかったです。あと、今回のカラーイラストで一番楽しかった所は、胸囲の格差です。

極楽浄土彼岸へ遥こそ
http://shichimi.la.coocan.jp/

志波彰(しばあきら)
白蛇精(p63)

今回蛇の写真を色々見ていて、瞳孔の大きさひとつで生き物の印象って変わるもんだなぁと改めて思いました。
猫もそうですが、蛇も瞳孔がしっかり開いてると結構可愛い顔なんですよね。

cosmic milk
http://cosmicmilk.x.fc2.com/

けいじえい
獏(p67)

獏を担当させて頂きました、けいじえいと申します。
現実にも動物の獏はいるのですが、妖怪の獏はキメラ的なモノなのであえて全体を馴染ませずチグハグな感じに仕上げてみました。

pixiv ページ
http://www.pixiv.net/member.php?id=5021528

杉村麦太(すぎむらむぎた)
比翼鳥(p69)

知ってるようであまり知らない中国の妖怪たちの萌え姿、本誌での初対面が楽しみです。

杉村麦太／石野鐘音(歓喜天)WEBサイト
http://www.geocities.jp/kwangiten02/

蘇芳サクラ(すおう)
鵬(p71)

鵬を担当した蘇芳です。
巨大ゆえに無邪気に風を起こして楽しんでいるキャラになりました。
ギラギラ派手！がコンセプトです

スオウノカクレガ
http://suounokakuregadayo.seesaa.net/

天領寺セナ(てんりょうじ)
青龍(p77)

天領寺セナと申します。青龍といえば中国の代表的な妖怪というより神様ですね！デザインも普段は古典的なものが多いのですが今回は少し現代風なものにしてみました。頭にひげをイメージした触覚がついています。他の四獣はどんな姿になっているのでしょう···！

Rosy lily
http://www.lilium1029.com/

小倉んぱん
玄武(p79)

「玄武」を担当させていただいた、小倉んぱんです。
神獣ということで、偉そうなイメージで描かせていただきました。頭を垂れたくなるようなイメージが伝われば幸いです！

pixiv ページ
http://www.pixiv.net/member.php?id=508876

菊屋シロウ
麒麟(p85)

今回、麒麟を描かせていただきました、菊屋シロウです。
優しく穏やかな性格ということで、ふわふわお姉さん系なのでは…と思いながら描きました。きっと面倒見のよい母性溢れるタイプなのでしょう…。頼めばきっと膝枕もしてくれる気がします！

菊と白雪
http://kikuya.whitesnow.jp/

loAlo
獬豸(p87)

もふもふ…シルエットを意識しました。中国の妖怪大好きなので正直はしゃぎます。

pixiv ページ
http://www.pixiv.net/member.php?id=825317

ソボロゴ
四不像(p89)

四不像は乗り物としてのイメージが強いですが、擬人化なので一緒に旅するパートナーという感じで描きました。
霧深い山間を共に進む四不像ちゃんのでっかいお尻に目がいってくれれば幸いです。

フライングチキン
http://soborogo.blog.fc2.com/

かんとり
白澤(p91)

かんとりと申します。牛の角が生えているとのことで牛らしくオッパイを大きくました。ふさふさの尻尾ということでバランスを取るためにオッパイを大きくました。万物に精通しているということでオッパイを大きくました。白鐸はオッパイが大きい神獣だと理解しました。

pixiv ページ
http://pixiv.me/needlegarden

鍵山/Clave
貔貅(p93)

鍵山/Clave(クレイヴ)と言います。生まれて初めての製本される本のイラストを描かせて頂きとても嬉しいです！まだ駆け出しの絵描きですがよろしくお願いします！また描かせて頂けたらと思います！
最後に…モン娘は大好きです！！

pixiv ページ
http://www.pixiv.net/member.php?id=1941163

大山ひろ太
渾沌(p97)

今回『渾沌』を担当させて頂きました大山ひろ太と申します。
謎の生き物『渾沌』、色々想像しながら楽しく描かせて頂きました。
何がなんだか訳のわからない怪しい感じを表現できていればいいなと思います。

pixiv ページ
http://pixiv.me/sentaro-mm

皐月メイ
饕餮(p99)

初めまして、皐月メイと申します。資料を見てみると元は結構すごい見た目をしていてどう擬人化しようかと悩みました。最終的になかなか可愛くできたんじゃないかと思います。これくらい可愛い女の子に財産とられるなら本望…じゃない、やっぱ勘弁してください。

pixiv ページ
http://www.pixiv.net/member.php?id=381843

夢野ろて
窮奇(p101)

夢野と申します。好きな部分をとっても楽しく描かせて頂きました！特徴の中に風を操る等の力があるようなので天候が荒々しい中にツンツンした女の子がいる感じをイメージしています。肌や足等の着彩を張り切りましたので見て頂ければ幸いです。

ろて部屋
http://rotte1109.wix.com/roteheya

逢倉千尋
蝗神(p105)

「蝗神」さまを担当させていただきました逢倉と申します。羽根っぽい服に触角アホ毛、眼のようなお団子など要素を入れてみましたケレドモ、もうちょっとバッタっぽくしてもよかったカモ？トラディショナルな衣装のアレンジ楽しいです！

pixiv ページ
http://www.pixiv.net/member.php?id=7160

NORICOPO
蚩尤(p107)

はじめまして！「蚩尤」を担当させていただきました、NORICOPOと申します。
愛情込めて楽しく描かせていただきました。女性キャラは描いていて幸せになれます。
蚩尤は、天候を操る戦の神だそうです。雨粒を描き込む作業が特に楽しかったです！

NORICOPO
http://noricopo.wix.com/noricopo

aiha-deko
女媧(p111)

こんにちは aiha-deko です。今回は女媧を描かせていただきました。地母神といえば巨乳かなっっと大き目な感じで描いてみました。半人半蛇とか好きな要素いっぱいで描いていて楽しかったです♪

みどりのいろ
http://aihadeko.jimdo.com

こだちナツ
西王母(p115)

初めまして！「西王母」を描かせていただきました、こだちナツと申します。
普段はファンタジー要素のある女の子をあまり描かないので、装飾とか衣装とか色々新鮮でした。仙薬って美味しいんですかね〜。

Grove in summer
http://natsukodachi.tumblr.com/

らすけ
五通神(p117)

5人の女神の配置と、出来る限り5人が被らないようにデザインにかなり悩みました。特に女神のデザインは体形や年齢、顔立ちなど、どの子を選んでもお楽しみいただけるように気を付けて制作しました。ありがとうございました！

Raison d'etre
http://rathke-high-translunary-dreams.jimdo.com/

高橋ろでむ
雷公＆電母(p119)

『雷公・電母』を担当させて頂きました。
胸の合わさった部分で太極を表現しています (今思い付いた)

pixiv ページ
http://www.pixiv.net/member.php?id=814899

ainezu
僵尸(p124)

僵尸（きょうし）を描かせていただきました！
とんでもない力を持っている為、縄とお札で何重にも封印を施している、という建前でとてもロマンティックな格好にしてみました。
普段こんなにロマンティックな女の子を描かないので、今回色々描けて楽しかったです！

guja-guja
http://ainezu.tumblr.com/

とんぷう
魑魅・魍魎(p129)

魑魅魍魎って妖怪とかそういった類を大まかにくくる言葉だと思ってたんですけど、ちゃんとそういう妖怪がいたんですてね。
あと字面見てると「どんだけ鬼だよ」って思います。

ROCKET FACTORY
http://rocketfactory.jpn.org/

コバヤシテツヤ
飛頭蛮(p133)

中国妖怪の中ではかなりメジャーと思われる飛頭蛮です。
最近タトゥ好きなので合法的に盛り込める南蛮イメージにしてみました。

ジャブロー２丁目
http://www17.plala.or.jp/jabro2/

ぽしー
孫悟空(p136)

ぽしーと申します。中国の小説である「西遊記」ですが、日本でもとても有名な題材なので、タイトルが無くても「西遊記(の孫悟空)だ」と認識して頂けたらいいなと思いつつ、描かせて頂きました。他の個性的な3人もどんな風に描こうか楽しんで描きました。

bloom planet
http://bloomplanet.blog.fc2.com/

肱川　嵐（ひじかわ あらし）
金角＆銀角(p139)

どうも、はじめまして。瓢箪よりも金角の谷間に吸い込まれたいヒジカワです。
西遊記の中でもメジャーな敵キャラ、金角＆銀角をセクシー系お姉さんコンビとして
趣味要素全開で描いてみましたが、いかがでしたでしょうか？

pixiv ページ
http://pixiv.me/arashi-hijikawa2009

sakusaku（さくさく）
牛魔王(p141)

今回牛魔王のイラストを描かせて頂きましたsakusakuと申します。昔からテレビや漫画などで知っていた牛魔王を描かせて頂いて大変嬉しかったです。孫悟空と昔兄弟酒を酌み交わしており、今回はそんなイメージで描いてみました。

pixiv ページ
http://www.pixiv.net/member.php?id=2041803

クロブチぬまま
雷震子(p143)

はじめまして、雷震子を担当しましたクロブチぬままです。
顔が鷹の妖怪でしたので非常にむずかしかったのですがなんとかかわいく描けたと思います。
よろしくお願いします。

pixiv ページ
http://www.pixiv.net/member.php?id=74514

悟空兄貴、この本を作ったのは人間の会社だそうですねぇ？
TEAS事務所といって、
書籍や雑誌の編集を生業にしているとか。

おお、ホームページや
ツイッターもあるじゃんか！
http://www.studio-teas.co.jp/
https://twitter.com/studioTEAS/
なに書いてんのか見に行ってみようぜ！

ここあ
九尾狐(p27)

cafe-hotcocoa
http://cafe-hotcocoa.net/

リリスラウダ
鮫人(p39)

リリスラウダ研究所
http://llauda.sakura.ne.jp/

小祝井サエボロ
こいわい
鳳凰(p81)

和み七彩
http://nagominanairo.syanari.com/

ジョンディー
霊亀(p83)

Mind_Jack
http://johndee180.wix.com/johndeeeeee/

cinkai
しんかい
共工(p103)

○◇△
http://egusurim.tumblr.com

きらばがに
燭陰(p113)

uklite
http://uklite.blog.fc2.com

この本を作ったのは、この人たちですって。

りぷ
極小女児(p127)

pixiv ページ
http://www.pixiv.net/member.php?id=484481

萌える！ 中国妖怪事典　staff

著者	TEAS 事務所
監修	寺田とものり
テキスト	岩田和義（TEAS 事務所）
	林マッカーサーズ（TEAS 事務所）
	岩下宜史（TEAS 事務所）
	たけしな竜美
	朱鷺田祐介
	桂令夫
	内田保弥
	藤春都
協力	當山寛人
本文デザイン	神田美智子
カバーデザイン	筑城理江子

フジヤマタカシ
カットイラスト

pixiv ページ
http://www.pixiv.net/member.php?id=142307

しかげなぎ
カットイラスト

SugarCubeDoll
http://www2u.biglobe.ne.jp/~nagi-s/

主要参考資料

●書籍
『アジア女神大全』 吉田敦彦、松村一男 編 (青土社)
『怪力乱神』 加藤徹 著 (中央公論新社)
『漢詩を読む 3 白居易から蘇東坡へ』 宇野直人、江原正士 著 (平凡社)
『鬼趣談義 中国幽鬼の世界』 澤田瑞穂 著 (中央文庫)
『幻獣辞典』 ホルヘ・ルイス・ボルヘス 著/柳瀬尚紀 訳 (河出文庫)
『『西遊記』XYZ このへんな小説の迷路をあるく』 中野美代子 著 (講談社)
『西遊記 上下』 太田辰夫、鳥居久靖 訳 (平凡社)
『西遊記~トリック・ワールド探訪~』 中野美代子 著 (岩波書店)
『修訂地獄変 中国の冥界説』 澤田瑞穂 著 (平河出版社)
『図説・日本未確認生物事典』 笹間良彦 著 (柏書房)
『聖なる幻獣』 立川武蔵 (集英社)
『世界神話伝説体系 11 中国・台湾の神話伝説』 松村武雄、中村亮平 編 (名著普及会)
『世界の怪物・神獣事典』 キャロル・ローズ 著/松村一男 監訳 (原書房)
『世界の妖精・妖怪事典』 キャロル・ローズ 著/松村一男 監訳 (原書房)
『山海経 中国古代の神話世界』 高馬三良 訳 (平凡社)
『全訳漢辞海 第三版』 戸川芳郎 監修/佐藤進、濱口富士雄 編 (三省堂)
『捜神記』 干宝 著/竹田晃 訳 (平凡社)
『中国古典小説選〈1〉穆天子伝・漢武故事・神異経・山海経他』 梶村永、高芝麻子、山崎藍 著/竹田晃、黒田真美子 編 (明治書院)
『中国古典文学大系 4 老子 荘子 列子 孫子 呉子』 金谷治 訳 (平凡社)
『中国古典文学大系 8 抱朴子 列仙伝・神仙伝 山海経』 本田済、沢田瑞穂、高馬三良 訳 (平凡社)
『中国古典文学大系 24 六朝・唐・宋小説選』 前野直彬 訳 (平凡社)
『中国古典文学大系 31 西遊記 上』 太田辰夫、鳥居久靖 訳 (平凡社)
『中国古典文学大系 32 西遊記 下』 太田辰夫、鳥居久靖 訳 (平凡社)
『中国古典文学大系 36 平妖伝』 太田辰夫 訳 (平凡社)
『中国古典文学大系 40 聊斎志異 上』 蒲松齢 著/増田渉、松枝茂夫、常石茂 訳 (平凡社)
『中国古典文学大系 41 聊斎志異 下』 蒲松齢 著/増田渉、松枝茂夫、常石茂 訳 (平凡社)
『中国古典文学大系 42 閲微草堂筆記・子不語』 前野直彬 訳 (平凡社)
『中国神話・伝説大事典』 袁珂 著/鈴木博 訳 (大修館書店)
『中国の鬼』 徐華竜 著/鈴木博 訳 (青土社)
『中国の呪法』 澤田瑞穂 著 (平河出版社)
『中国の神獣・悪鬼たち 山海経の世界』 伊藤清司 著 (東方書店)
『中国の神話』 白川静 著 (中央公論新社)
『中国の神話伝説 上下』 袁珂 著/鈴木博 訳 (青土社)
『中国の神話・伝説』 伊藤清司 著 (東方書店)
『中国の妖怪』 中野美代子 著 (岩波書店)
『中国妖怪・鬼神図譜 清末の挿入雑誌「点石斎画報」で読む庶民の信仰と俗習』 相田洋 著 (集広舎)
『中国妖怪人物事典』 実吉達郎 著 (講談社)
『日本科学古典全書 第15巻』 三枝博音 編 (朝日新聞社)
『封神演義 上中下』 許仲琳 著/渡辺仙州 編訳 (偕成社)
『封神演義大全』 実吉達郎 著 (講談社)
『本草綱目啓蒙 1~4』 小野蘭山 著 (東洋文庫)
『水木しげるの中国妖怪事典』 水木しげる 著 (東京堂出版)
『妖怪画本 狂歌百物語』 京極夏彦、多田克己 編 (国書刊行会)
『妖怪魔神精霊の世界』 山室静 執筆代表 (自由国民社)
『聊斎志異 上下』 蒲松齢 著/立間祥介 訳 (岩波書店)
『聊斎志異の怪』 蒲松齢 著/志村有弘 訳 (角川書店)
『和漢三才図会 7』 寺島良安 編/島田勇雄、樋口元巳、竹島淳夫 訳注 (東洋文庫)

●ウェブサイト
「一宵話」(新潟大学 古文書・古典籍コレクションデータベース)
http://collections.lib.niigata-u.ac.jp/
怪異・妖怪伝承データベース (国際日本文化研究センター)
http://www.nichibun.ac.jp/
『西遊記』(アデレード大学 eBooks@Adelaide)
https://ebooks.adelaide.edu.au/
『三才図会』『淮南子』(Chinese Text Project)
http://ctext.org/
『清平山堂話本』『西遊記』(開放文學)
http://open-lit.com/
『徳川実紀』(国会図書館デジタルコレクション)
http://dl.ndl.go.jp/
平賀源内記念館
http://ew.sanuki.ne.jp/gennai/

■中国妖怪索引

項目名	分類	ページ数
赤いふくべ(ひょうたん)と玉の浄瓶	アイテム	138
窫窳	妖怪	18
縊鬼(吊殺鬼)(吊死鬼)	妖怪	170,173
『夷堅志』	伝承・文献	116,177
一目	妖怪	144
一臂	妖怪	144
殷	時代・王朝名	26,28,40,98,120, 142,149,155,163
陰陽	用語	45,49,61,110,151, 168
禹	人物	26,28,102,149,153, 155
羽民	妖怪	144
易経	用語	61
『閲微草堂筆記』	伝承・文献	126
『淮南子』	伝承・文献	78,100,102,144, 151,153,159
煙鬼	妖怪	170,173
応声虫	妖怪	174
応龍	妖怪	109
夏	時代・王朝名	28,102,152,153, 155
『海外三十六国』	伝承・文献	144,159
海人(海和尚)	妖怪	20
獬豸	妖怪	86,88
開明獣	妖怪	174
怪力乱神	用語	11
花果山	地域・場所・建物	134
荷花三娘子	妖怪	175
火眼金睛獣	妖怪	175
火浣布	アイテム	22
火鼠(ヒネズミ)	妖怪	22
花魄・花妖	妖怪	24
譁	妖怪	175
歡頭	妖怪	144
鬼	妖怪	38,128,130, 168-170
棋鬼	妖怪	171,173
奇股	妖怪	144
鬼索債(索命)	妖怪	171,173
跂踵	妖怪	144
鬼買棺	妖怪	171,173
窮奇	神	100
九元真母	神	151
九天玄女	神	153
九尾狐	妖怪	26,28
牛魔王	妖怪	138,140
顒	妖怪	175
堯	人物	152,153,155
侠鬼	妖怪	171-173
共工	人物	102,155
僵尸(僵屍)	妖怪	122,123
姜子牙(太公望)	人物	88
玉皇上帝	神	46,48,92
玉兎	妖怪	30,31
麒麟	妖怪	84,88,90,94,109
金角・銀角	妖怪	138
金華猫	妖怪	34
金棍	アイテム	142
金蚕	妖怪	36
『金瓶梅』	伝承・文献	46,162

項目名	分類	ページ数
駆鬼	用語	168
君子	妖怪	144
羿	人物	18,31,114,153
結胸	妖怪	144
玄股	妖怪	144
玄奘三蔵(三蔵法師)	人物	31,40,134,135,138, 140,163,177
玄武	妖怪	78,94
句嬰(拘纓人)	妖怪	144
交股(交脛人)	妖怪	144
孔子(孔丘)	人物	11,29
鮫人(蛟人)	妖怪	38
蝗神	神	104
黄帝	人物	18,90,96,102,106, 108,128,130, 152-155
哮天犬	妖怪	40
姑獲鳥(鬼車)	妖怪	42
五行	用語	49,61,76,78,94
鯀	人物	152,153,155
黒歯	妖怪	144
極小女児	妖怪	126
呉剛	人物	30
五通神	神	116
五帝	神	149,152-155
五帝時代	時代・王朝名	149
『今昔百鬼拾遺』	伝承・文献	54,90
渾沌(混沌)	神	96,151
魂魄	用語	166,167,169,171
崑崙山	地域・場所・建物	18,90,96,114,174
祭鬼	用語	169
『西遊記』	伝承・文献	30,31,40,46,70,90, 114,118,122,134, 138,140,148,162, 163,176,177
鑿歯	妖怪	144
山岳信仰	用語	72
三皇	神	110,149,152-154
三皇時代	時代・王朝名	149
『三国志演義』	伝承・文献	132,162,178
三魂七魄	用語	167
『三才図会』	伝承・文献	50,54,84,90
三尸	妖怪	46,48
三身	妖怪	144
三頭(三首人)	妖怪	144
三苗	妖怪	144
産婦鬼	妖怪	172,173
豕喙	妖怪	144
『志怪録』	伝承・文献	171
『史記』	伝承・文献	28,78,92,106,120, 128,153,155
四凶	用語	96,98,100
始皇帝	人物	50,132,152
四罪	用語	102
四神	用語	76,78,94,109
視肉・太歳	妖怪	58,60
『子不語』	伝承・文献	20,24,122,123
四不像	妖怪	88,175
四方	用語	45,94,98
周	時代・王朝名	28,29,40,76,120, 142,149,159,163
蚩尤	神	98,106,108,128, 130
修股(長股人)	妖怪	144

十二支(十二方位)	用語	45
修臂(長臂人)	妖怪	144
柔利	妖怪	144
儒教	用語	17,29,75,76,80,155,167
肅慎	妖怪	144
祝融	神	102,153,154
酒虫・酒魔	妖怪	175
『述異記』	伝承・文献	82,86,106,161
須弥山	地域・場所・建物	138
舜	人物	98,152,153,155
嫦娥	人物	31
召鬼術,召魂術	用語	169
猩々	妖怪	50,128
丈夫	妖怪	144
消麺虫	妖怪	52,176
女媧	神	110,152-154
燭陰	神	112
四霊	用語	78,80,82,84,109
蜃(蜃気楼)	妖怪	54,72
『神異経』	伝承・文献	30
神怪	用語	12,17,95
人怪	用語	12,17,121
神農(炎帝)	神	102,106,110,152-154
深目	妖怪	144
申陽公	妖怪	176
『水滸伝』	伝承・文献	162
瑞獣	用語	26,28,75,80,82,84,109
朱雀	妖怪	80,94,109
西王母	神	31,114
正史	用語	120
『清平山堂話本』	伝承・文献	62,64
青龍	妖怪	76,78,94
薵(薵鬼)	妖怪	172,173
赤虎	妖怪	176
『説聴』	伝承・文献	34
仙画	妖怪	176
『山海経』	伝承・文献	18,26,50,58,68,72,80,96,98,100,108-110,112,159,174,175,178
穿胸(貫匈人)	妖怪	144
顓頊	人物	102,130,152,153,155
銭剣	アイテム	168
仙人	用語	18,30,40,60,65,70,72,82,88,96,142,152,163,174,175,176
『捜神記』	伝承・文献	22,42,132,161
『続子不語』	伝承・文献	70,123
『楚辞』	伝承・文献	44,76,78,110,118
孫悟空(斉天大聖)	妖怪	31,40,70,114,134,135,140,176
大人(長人)	妖怪	144
大白龜	妖怪	177
玉藻前	妖怪	26,28
丹(金丹、仙薬、仙丸)	アイテム	30,31,60,65,114,135,138
魑魅&魍魎	妖怪	108,128,130
倀鬼	妖怪	172,173
地羊鬼	妖怪	177
猪豚蛇	妖怪	177
溺鬼	妖怪	172,173
天狗	妖怪	178
天竺	地域・場所・建物	70,135,138,140,163,177
天民	妖怪	144
湯	人物	153,155
道教	用語	17,40,46,48,60,65,72,82,114,131,158,167
饕餮	神	98
德	用語	29,75,80,90,155,175
土偶	妖怪	178
二十八宿	用語	76,78
女子	妖怪	144
宝貝	アイテム	142,163
獏	妖怪	66
白蛇精	妖怪	62
白澤	妖怪	90,
白民	妖怪	144
八卦(八方位)	用語	45
八徳	用語	29
馬婦	妖怪	178
盤古	神	110,149-151
盤古神話	伝承・文献	149,150
反舌(岐舌人)	妖怪	144
鎧貅(避邪)	妖怪	92
飛頭蛮(蛮、蛮蛮、落頭民)	妖怪	132
白虎	妖怪	94,109
比翼鳥	妖怪	68
不死	妖怪	144
伏羲(太昊)	神	110,152-154
『平妖伝』	伝承・文献	163
鵬	妖怪	70
方位	用語	45,151
鳳凰	妖怪	78,80,94,109,144
狗鴉	神	98
方術	用語	131
『抱朴子』	伝承・文献	46,60,82,90
蓬莱山	地域・場所・建物	72,82
『本草綱目』	伝承・文献	22,36,42,54,55,58,66,80,159,174
無継	妖怪	144
無腸	妖怪	144
毛民	妖怪	144
沃民	妖怪	144
『礼記』	伝承・文献	50,54,55,76,109,153
雷公・電母	神	118
雷辰子	妖怪	142
裸民	妖怪	144
『聊斎志異』	伝承・文献	24,64,104,116,122,123,126
礼	用語	29,80,104
霊亀	妖怪	82,109
『霊幻道士』	伝承・文献	122,123
霊獣	用語	12,17,73-76,78,84,86,88,90,92,94,109,120,144,172,175
労民	妖怪	144
『和漢三才図会』	伝承・文献	50,54,55,66,130

萌える！中国妖怪事典

2016 年 9 月 30 日 初版発行

著者	TEAS 事務所
発行人	松下大介
発行所	株式会社 ホビージャパン
	〒151-0053　東京都渋谷区代々木 2-15-8
電話	03（5304）7602（編集）
	03（5304）9112（営業）
印刷所	株式会社廣済堂

乱丁・落丁（本のページの順序の間違いや抜け落ち）は購入された店舗
名を明記して当社パブリッシングサービス課までお送りください。
送料は当社負担でお取り替えいたします。
但し、古書店で購入したものについてはお取り替えできません。

禁無断転載・複製

© TEAS Jimusho 2016
Printed in Japan
ISBN978-4-7986-1306-2 C0076